첨단기술시대의
의료와 인간

iMH
경희대학교 인문학연구원
HK+통합의료인문학연구단
통합의료인문학
학 술 총 서 _ 11

첨단기술시대의
의료와 인간

김현구 이상덕 정세권 조민하 조태구 최성민 지음

Medicine and Human in the Era of High Technology

'고통'은 의료의 오래된 화두 가운데 하나입니다. 인간의 생애주기에서 나타나는 생로병사(生老病死) 그 어디에서도 고통은 늘 빠지지 않습니다. 의료 현장에서 환자의 고통을 줄여주기 위해 진통제를 처방하는 것에서 부터 말기 암 환자의 QOL을 위하여 호스피스 치료를 수행하는 것에 이르기까지, 고통을 어떻게 바라보고 다스릴지에 대한 문제는 의료의 영원한 과제라고 할 것입니다.

그러하기에 고통의 문제는 동시에 의료인문학의 중요한 논제이기도 합니다. 의학이 발달하면서 고통을 다스릴 수 있는 다양한 기술적 대안들이 등장했지만, 동시에 이처럼 발달된 의학이 인간의 고통을 얼마나 효율적으로 다스릴 수 있을지에 대한 비판적 반성도 활발해지고 있습니다. 고통은 단지 신체만의 문제가 아니라, 인간의 마음이 함께 작용하는 영역이기 때문입니다.

경희대학교 인문학연구원 HK+통합의료인문학연구단에서는 2019년 이래로 생로병사 중심의 주제팀을 구성하여 의료인문학의 제문제에 대한 연구를 거듭해 왔습니다. 5차년도인 2023년에는 주제별 연구의 성과를 토대로 인간의 생애주기를 관통하는 화두에 대한 공동연구를 수행하고자 하였습니다. 그리하여 '고통과 돌봄'의 문제에 대하여 '기술'과 '마음'이라는 두 개의 키워드를 중심으로 연구를 진행하였습니다.

『첨단기술시대의 의료와 인간』은 그중에서도 '기술'의 키워드에 해당하는 연구성과들을 정리한 책입니다. 4차 산업혁명의 도래와 더불어 빅데이터나 AI, 로봇 등을 활용한 첨단의료가 본격화되고 있는 시대이지만, 그런 만큼 더욱 기술 앞에 선 인간 자신의 모습을 되돌아보고 이를 바탕으로 앞으로의 가능성을 모색해야 한다는 문제의식 하에 여러 연구자들의 성찰과 고민을 모아보았습니다.

1부 〈기술의 교차점 앞에 선 인간, 돌봄을 돌아보다〉는 인류의 기술 발전 역사가 의료에 끼친 영향 속에서 인간이 어떤 자리에 놓여 있었으며, 이를 바탕으로 앞으로의 인간이 바라보아야 할 지평은 어떤 것인가를 탐색하는 내용을 담았습니다. 고대 그리스의 두개골 천공 기술에 대한 흔적을 톺아보기 위해 조각 기술의 발달과 이에 대한 당대 그리스인의 인식 등을 통합적으로 고찰하고자 한 이상덕의 「고대 그리스 의료 기술의 발전-두개골 천공술과 조각 기술 발전의 상관관계」, COVID-19 팬데믹과 더불어 우리 일상 속의 방역 관련 기술로 급부상한 QR코드와 이를 둘러싼 사회적 인식의 제문제를 고찰하면서 이러한 기술의 발전 가능성을 엿보고자 한 정세권의 「산업기술에서 일상기술, 그리고 방역을 돕는 기술로-한국에서의 QR 코드 도입과 확산」, 기존의 과학주의와 근대주의적 시선에서 벗어나서 한의학의 현주소를 돌아보고 도래할 포스트휴먼 시대에 한의학이 지닌 가능성을 제안하고자 한 김현구의 「포스트휴먼의 조건으로 바라본 한의학의 가능성」이 그것입니다.

2부 〈기술과 돌봄, 교차점 너머의 새로운 길을 찾아서〉에서는 1부의 역사적·이론적 고찰을 통해 형성된 문제의식을 바탕으로 오늘날 우리가 직면한 첨단의료기술의 가능성과 문제점을 인문학적 관점에서 통찰하려는 시도들을 담았습니다. AI를 기반으로 한 의료상담 시스템 등이 본격화되어 가는 현시대에 이를 바라보는 한국 사회의 시선에 대한 구체적이고도 다각적인 접근을 시도한 조민하의 「인공지능을 활용한 의료상담에 대한 인식」, AI에 기반한 생성형 언어모델의 명과 암을 고찰함으로써 이를 토대로 한 의료 및 돌봄 서비스의 가능성을 살펴보고자 한 최성민의 「인공지능 언어모델을 활용한 의료와 돌봄 전망」, 초고령화 시대를 맞이하여 다양한 가능성을 내보이고 있는 돌봄 로봇에 대해 기술적 가능성과 인문학적 반성의 통섭을 시도한 조태구의 「돌봄 로봇과 돌봄의 가능성」이 그러합니다.

　　『첨단기술시대의 의료와 인간』을 통해 인간의 생애주기를 관통하는 '고통'과 이에 관련된 '기술'의 문제를 바라보는 시야를 넓히고 오늘날 우리가 직면한 의료의 제문제들을 돌이켜보는 계기가 되기를 바랍니다. 아울러서 '마음'이라는 관점에서 고통과 돌봄의 문제에 접근하고자 한 『마음과 고통의 돌봄을 위한 인문학』과의 통섭을 바탕으로 본 HK+통합의료인문학이 도달하고자 하는 궁극적인 목표인 '4차 산업혁명 시대의 인간 가치 탐구'에 새로운 전기를 마련할 수 있게 되기를 기대합니다.

경희대학교 인문학연구원 HK+통합의료인문학연구단

차례

1부 / 기술의 교차점 앞에 선 인간, 돌봄을 돌아보다

2부 / 기술과 돌봄, 교차점 너머의 새로운 길을 찾아서

1부
기술의 교차점 앞에 선 인간,
돌봄을 돌아보다

고대 그리스
의료 기술의 발전*

― 두개골 천공술과 조각 기술 발전의 상관관계

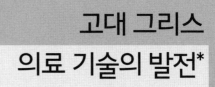

이상덕

경희대학교 인문학연구원 HK+통합의료인문학연구단 HK교수

*   이 글은 「히포크라테스의 『머리 부상에 대하여』에 보이는 두개골 천공술과 그리스 조
    각 기술 비교」(『서양고대사연구』 66, 2023.04)를 바탕으로 수정 · 보완한 것이다.

1. 서론

"인생은 짧고 예술은 길다"라는 말은 라틴어의 'ars'를 'art'로 영역한 것을 오해해서 생긴 오역이다. 이는 본디 히포크라테스의 『경구』에 나오는 말로, 라틴어로는 "Ars longa, vita brevis," 그리스어로는 "ὁ βίος βραχὺς, ἡ δὲ τέχνη μακρὴ(ho bios brachus, he de techne makre)"다. 라틴어의 'ars'에 해당하는 그리스어는 'techne'다. 말 그대로 기술이다. 이를 다시 풀이하자면, 기술은 방대한데, 이를 익힐 인생이 짧다는 의미다. 실제로 기술은 늘 발전해 왔으며 여전히 그 영역을 확장하고 있다. 첨단기술시대에 사는 우리는 기술의 발전을 더 뚜렷하게 느낄까? 손끝만 갖대 대도 손목에 찬 전화를 받을 수 있고, 로봇이 인간이 하지 못하거나 하기 꺼려 하는 영역을 담당하며, 우리가 말하고, 보고, 듣는 것들이 모두 기록/저장되는 세상이어서 우리가 더 기술에 민감해졌을까? 적어도 히포크라테스가 자신의 『경구』 맨 첫 줄을 저 문장으로 시작했다는 것을 볼 때, 그리스인들도 기술에 경각심을 가졌던 것으로 보인다. 기술의 발전은 상대적인 것으로, 어느 시대의 인류이든 기술의 발전이 일반 대중이 따라가는 속도보다 빠르다고 생각했던 것 같다. 첨단기술을 인문학의 눈으로 살펴보려는 이 책을 시작하는 제1장에서는 이렇듯 기술 발전이 상대적이라는 생각을 가지고, 고대 그리스와 로마의 기술을 살펴보려고 한다. 특히 정교한 기술을 요했던 두개골 천공술에 집중하여 당대의 첨단기술이 어떻게 발전하고, 타 분야와 어떤 관계를 맺었는지 살펴볼 것이다.

두개골 천공술(trepanation)은 머리에 부상을 입은 경우, 이를 치료하기 위해 기구를 사용하여 두개골에 구멍을 내는 기술로, 가장 오래된 시술의 증거는 신석기시대의 것이다.[1] 그러나, 메소포타미아나 이집트의 고대 문명에서 두개골 천공술을 행한 기록은 남아 있지 않으며, 우리에게 기록으로 남아 있는 것 중 가장 오래된 것은 히포크라테스 혹은 그 학파의 한 사람이 쓴 것으로 보이는 『머리 부상에 대하여』다.[2] 히포크라테스 학파가 남긴 여러 책 중의 한 권으로 생각되는 이 책은 "문체가 단순하고, 중요한 부분은 어렵지 않은 단어나 문법을 사용하면서 여러 번 반복하며, 수사가 장황하지 않고, 명령형은 대부분 원형으로 처리한 것"으로 보아 히포크라테스 본인이 썼거나, 그와 동시대인 기원전 400년경에 누군가가 쓴 것으로 보인다.[3] 히포크라테스가 외과적 수술을 하지 않았다고 생각해서 『머리 부상에 대하여』를 히포크라테스 본인이 아닌, 『골절에 대하여』나 『관절에 대하여』를 쓴 히포크라테스 학파의 다른 저자가 쓴 것으로 생각하

---

1   Lisowski, F. P., "Prehistoric and early historic trepanation," Brothwell, Don and Sandison, A. T. Ed., *Diseases in Antiquity: A Survey of the Diseases, Injuries, and Surgery of Early Populations*, Springfield: Charles C. Thomas, 1967, pp.651-652; Gross, Charles, G., "A Hole in the Head," *Neuroscientist* 5, 1999, p.263.

2   González-Darder, J. M., *Trepanation, Trephining and Craniotomy: History and Stories*, Cham, 2019, pp.66-67.

3   Hanson, M., *Hippocrates: On Head Wounds*, Berlin, 1999, p.52.

는 학자도 있다.[4] 사실, 히포크라테스 전집(Hippocratic Corpus)에는 히포크라테스 자신의 것이 아닌 후대의 글도 포함되어 있어(기원전 5세기부터 서기 2세기까지 대략 700년 사이의 60편을 웃도는 저작들이 포함된다), 널리 히포크라테스 학파의 산물인 것으로서 이해된다. 『머리 부상에 대하여』는 히포크라테스 전집에 포함되며, 현재까지 남아 있는 두개골 천공술에 관한 첫 번째 저술이라고 할 수 있는 것이다.[5] 이는 1525년 처음 로마에 라틴어로 소개되었고, 1526년 베네치아에 그리스어로 번역되어 퍼지게 되었다. 영역은 1868년 찰스 다윈 아담스(Charles Darwin Adams)의 것이 가장 일반적으로 사용된다.[6] 가장 최근의 영역은 모리 한슨(Maury Hanson)이 1999년에 한 것이다. 그는 영역과 함께 해제와 구성에 관한 분석을 간략하게 덧붙였다.[7] 오랜 연구에도 불구하고, 『머리 부상에 대하여』는 21개의 장(章)으로 된 짧은 글로, 이 글만 가지고 천공술을 이해하기란 어렵다. 천공술은 그리스에서 로마에 이르기까지 크게 변화하지 않았기 때문에, 이 시기 저자들의 기록을 종합적으로 연구해야 전체적인 이해가 가능하다. 코르넬리우스 켈수스(25 BC-50 AC)의 『의학에 관하여』(On Medicine), 페르가뭄의 갈레노스(129-210 AD)의 『머리 부상』(Head Injuries) 등이 대표적이며, 이들은 히포크라테스의 천공술을 계승하면서도 새로운 정보를 제공한다.

문헌학적 증거가 제한적이기 때문에 고대의 천공술을 이해하는 데 고

---

4   Martin, G., "Was Hippocrates a beginner at trepanning and where did he learn?", *Journal of Clinical Neuroscience* 7, 2000, p.500. 물론, 히포크라테스가 썼다고 주장하는 Laín-Entralgo와 같은 학자들도 있다. cf. González-Darder, Trepanation, p.68.

5   González-Darder, *Trepanation*, p.65.

6   Adams, C. D., *The Genuine Works of Hippocrates*, New York, 1868.

7   Hanson, M., *Hippocrates: On Head Wounds*, Berlin, 1999.

고학적 증거 또한 중요하다. 먼저, 고대 그리스와 로마의 해골 증거를 들 수 있다. 청동기 시대의 해골이 펠로폰네소스에서 발굴되었으며, 시칠리아의 히메라에서도 기원전 5세기의 해골이 발굴되었다.[8] 이 해골들은『머리 부상에 대하여』보다 오래된 것이며, 따라서 히포크라테스 이전에도 천공술이 행해졌음을 증명한다. 특히, 히메라의 해골에는 지름 13.2mm의 동그란 구멍이 나 있어 후대에 모디올루스라고 부르는 드릴을 사용했음을 알 수 있다. 이 무덤이 기원전 525-480년의 것으로 추정되므로, 드릴은 히포크라테스가 활동하던 시대보다 훨씬 이전부터 사용된 것이다.[9] 천공술에 사용한 도구가 남아 있다면 좋을 텐데, 이 역시 제한적이다. 그리스의 경우 더 그렇다. 그리스와 로마의 천공술에 큰 차이가 없는 것으로 보이기 때문에 발굴된 로마의 도구들에 비추어 그리스의 도구를 짐작할 수밖에 없다.

1738년 이탈리아의 헤라쿨라네움 발굴이 시작되고 1748년부터는 본격적으로 폼페이 발굴이 이루어졌으며, 이에 따라 고대 그리스와 로마의 의료 도구가 발굴되었다.[10] 여기서 발굴된 의료 도구들은 고대 그리스-로마

---

8   Mountrakis, C., Georgaki, S., Manolis, S. K., "A Trephined late Bronze Age Skull from Peloponnesus, Greece", *Med. Arch.* 11, 2011, pp.11-8; Fabbri, P. F., Forniciari, G., Caramella, D., Accomando, G., and Vassallo, S., "Discovery of the First Hippocratic Cranial Trepanation from the Greek Colony of Himera, Sicily (6th=5th century B.C.)", 2010. http://www.paleopatologia.it/articoli /stampa.php?recordID=147.

9   Forniciari, "Himera", fig. 4.

10   폼페이 발굴 결과와 큔즐과 블리케즈의 긍정적 경쟁관계에 관해서는『의료사회사연구』의 이상덕,「서평: 그리스, 로마 의료 도구의 백과사전: Bliquez, L. J., *The Tools of Asclepius; Surgical Instruments in Greek and Roman Times* (Leiden, 2015). pp. 439.」참조.

의학사 연구에 지대한 영향을 미쳤다. 발굴 결과를 처음 집대성한 것은 밀른(John Stewart Milne)이다. 1907년 발표된 그의 『그리스로마시대 외과 수술 도구』(Surgical Instruments in Greek and Roman Times)는 고대 의료 도구의 문헌학적 자료와 고고학적 자료를 정리한 책으로 이를 감히 능가할 수 있는 업적은 한동안 없었다. 독일의 퀸즐(E. Künzl)과 미국의 블리케즈(L. Bliquez)와 잭슨(R. Jackson) 등이 1980년대부터 최근까지 밀른의 연구를 보완하는 일련의 연구를 발표했다.[11] 이 일련의 연구에서 연구자들은 밀른의 중요한 오류 한 가지를 지적한다. 그가 의료 도구로 분류했던 것들이 사실은 그저 일반적으로 사용하던 도구였다는 점이다. 밀른은 일반적인 도구를 의료 도구로 여러 차례 혼동했다.[12] 그러나 밀른의 오류는 한편으로는 이해가 되는 부분이 있다. 고고학자들은 의료 도구와 일반 도구로 구분을 시도했으나, 이는 현대적인 분류 방식으로 고대 세계에는 맞지 않는 것이었다.[13] 당시에는 이들이 잘 구분되지 않았던 것 같다. 아이기나의

11 Künzl, E., with the collaboration of F. J. Hassel and S. Künzl, *Medizinische Instrumente aus Sepulkralfunden der römischen Kaiserzeit*. Bonn: In Kommission bei R. Habelt, 1983; Bliquez, L. J. and Jackson, R., *Roman Surgical Instruments and Minor Objects in the National Archaeological Museum of Naples, with a Catalogue of the Surgical Instruments in the Antiquarium at Pompeii by Ralph Jackson*. Mainz: Philip von Zabern, 1994; Künzl, E., *Medizinische Instrumente der römischen Kaiserzeit im Römisch-Germanischen Zentralmuseum*. Mainz: Verlag RGZM, 2002; Bliquez, L. J., *The Tools of Asclepius; Surgical Instruments in Greek and Roman Times*. Leiden: Brill, 2015.

12 Milne, J. S., *Surgical Instruments in Greek and Roman Times*, Oxford: Clarenden Press, 1907; repr. New York: A. M. Kelley, 1970, pp. 27, 82, 103, 158, 145.

13 Baker, P. A., *Medical Care for the Roman Army on the Rhine, Danube and British Frontiers from the First through Third Centuries AD*, Oxford: Hadrian Books, 2004, p. 132; Baker, P. A., *The Archaeology of Medicine in the Greco-Roman World*,

파울루스(AD c.625-c.690)는 안염(opthalmia) 치료 시에 족집게로 속눈썹을 제거하라고 하는데, 이 족집게는 일상적으로 사용하는 것과 같은 것이었던 것으로 보인다.[14] 고대의 의사는 특별한 제도를 통해 양성되는 것이 아니었기 때문에 지금처럼 전문화되지 않았다.[15] 의사들의 전문성이 낮았던 만큼 도구 역시 전문성이 떨어졌다. 한 가지 도구가 여러 가지 기능을 했으며, 일반 도구를 의료 도구로 사용할 수 있었기에 둘을 혼동하는 것은 당연했다. 천공술에 사용되는 도구인 드릴이나 끌, 망치 등도 다른 용도로 사용될 수 있는 것들이었다.

따라서, 서로 다른 전문적인 일에 유사한 도구가 사용되었다. 뼈에 사용하는 의료 도구는 석재를 조각하는 데 사용하는 도구와 특히 유사했다. 끌, 정, 드릴, 톱 등이 이에 해당한다. 뼈와 대리석이 경도에 있어서나 다루는 방법에 있어서 유사했기 때문에 가능한 일이었다. 유명한 의사들이 요청을 받고 순회했듯이 조각가들도 요청을 받고 순회했는데, 기원전 5-4세기의 이러한 전문가의 이동은 전문가 사이의 기술 교류를 촉진했을 것이다. 전문가들이 서로의 새로운 기술을 접하면서 자신의 기술 발전에 적용했을 것이기 때문이다. 히포크라테스는 『골절에 대하여』에서 뼈를 맞추는 데 석공들이 사용하는 레버 기술이 적용되었다고 전한다.[16] 그는 인간이 사용하는 기술 중에 이 기술이 가장 힘이 세다고 한다. 의술과 예술 사이의 기술 차이가 아직 크지 않던 시대라 천공술과 같은 위험한 기술이

Cambridge: Cambridge University Press, 2013, p.90.

14   Paul Aeg., 6.13.

15   Scribonius Largus, *compositiones, Ep. Ded.* 1

16   Hp. *Fract.* 31a.

어떻게 가능했는지 기원전 5세기 조각 기술을 보면 이해할 수 있다. 조각가의 세밀한 기술력은 위험한 수술에 적용되기에 충분하다. 조각은 상고기의 어색한 직립상으로부터 기원전 5세기 전반의 근엄한 스타일('Severe Style')을 거쳐 기원전 5세기 후반에서 4세기에 이르는 시기에 자연스러운 모습을 구현할 수 있게 된다.[17] 이때 팔, 다리 사이의 공간이나 옷 주름 등을 현실감 있게 표현하는 데 드릴이나 끌의 좀 더 세밀한 기술이 요구되었다.[18] 이 장에서는 먼저 천공술에 관한 여러 기록들을 살펴보고, 히포크라테스 학파의 『머리 부상에 대하여』를 분석한다. 이를 켈수스와 갈레노스와 비교하면서 천공술이 고대 그리스와 로마에서 실제로 어떻게 행해졌을지 생각해 본다. 증거가 제한적이어서 이는 한계에 부딪히는 데, 드릴과 끌을 중심으로 천공 기술과 조각 기술을 비교해 보면서 실제 두개골 천공의 결과를 예측해 본다. 아놋(Arnott), 핑거(Finger), 스미스(Smith) 등이 천공술의 역사를 2003년 펴냈고, 곤잘레스-다더(José M. González-Darder)는 최근 천공술(trepanation/trephining)과 개두술(craniotomy)의 역사를 원시부터 현대까지 아우르는 책을 출판했으며, 신경과 수술의 개설서에도 소개되는 등, 천공술에 관한 연구는 계속되고 있지만, 천공 기술을 조각 기술과 비교한 예는 없다.[19] 이는 의료 도구 연구에 있어 새로운 시도이며, 어려

---

17   Boardman, J., *Greek Sculpture: the Classical Period*, London: Thames & Hudson, 1985, pp.90-95; Grossman, Janet B., *Looking at Greek and Roman Sculpture in Stone; a Guide to Terms, Styles, and Techniques*, California: J. Paul Getty Museum, 2003, p.42.

18   Adam, Sheila, *The Technique of Greek Sculpture; in the Archaic and Classical Periods*, Oxford: Thames and Hudson, 1966, pp.3-22, 40-73.

19   Arnott, R., Finger, S., Smith, C. U. M.(ed.), *Trepanation: History, Discovery, Theory*,

운 시도지만, 이를 통해 당대 의사들이 어떻게 자신감을 가지고 환자에게 위험한 시술, 혹은 수술을 시도할 수 있었는지 이해할 수 있을 것이다.

2. 두개골 천공술의 내력

두개골 천공이란, 머리덮개 뼈 밑의 조직을 상하지 않게 하면서 뼈에 구멍을 내는 것을 의미한다.[20] 천공을 뜻하는 영어단어가 파생된 그리스어 trypanon(τρύπανον)은 드릴을 뜻한다. 근대 서구에 천공술을 행한 해골을 처음 보고한 것은 스콰이어(Ephraim George Squier)이다.[21]〈그림 1〉 그는 1865년, 페루의 쿠스코에서 서기 1400-1530년에 천공술을 행한 해골을 보고했다. 이는 드릴로 행한 것은 아니고, 네 변을 깎아서 사각형의 뼈를 떼어낸 모습이다. 스콰이어는 이때 "톱이 아닌, 나무나 철제에 조각가들이

Lisse, 2003; Goodrich, J. T., Flamm, E. S., "Historical Overview of Neurosurgery", Winn, H. R.(ed.), *Youmans Neurological Surgery*, 6th ed., Philadelphia, 2011, pp.3-37.

20 Aidonis, Asterios, Papavramidou, Niki, Moraitis, Konstantinos, and Papageorgopoulou, Christina, "Trepanations in the ancient Greek colony of Akanthos: Skull surgery in the light of Hippocratic medicine", *International Journal of Paleopathology* 35, 2021, p.8; Lisowski, F. P., "Prehistoric and early historic trepanation," Brothwell, Don and Sandison, A. T. Ed., *Diseases in Antiquity: A Survey of the Diseases, Injuries, and Surgery of Early Populations*, Springfield: Charles C. Thomas, 1967, p.651.

21 Squier, E. G., *Peru: Incidents of Travel and Exploration in the Land of the Incas*, New York, 1877, pp.456-457; Fernando, H. R., and Finger, S., "Ephraim George Squier's Peruvian skull and the discovery of cranial trepanation," Arnott, Robert, Finger, Stanley, and Smith, C. U. M. ed., *Trepanation: History, Discovery, Theory*, Lisse, 2003, pp.4-9; Aidonis, "Akanthos", p.9.

사용하는 끌이 사용되었다"고 보고한다.[22] 이 두개골은 현대의 기술로 보기에 너무나 거칠게 잘려 있지만, 당대에 가장 정교한 기술을 가진 사람이 정교한 도구로 행한 것이었다. 이는 2년 뒤 폴 브로카(Paul Broca)에 의해 인류학계에 보고되었고, 그로부터 7년 후 신석기 무덤에서 두개골 천공술을 행한 해골이 발굴되면서 천공술이 사실은 오래된 기술임이 증명되었다.[23] 이 해골을 절개한 곳이 상당히 아문 것으로 보아, 사망자가 생전에 수술을 받았다는 것을 알 수 있다.

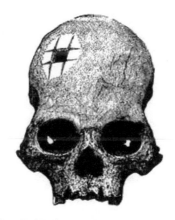

〈그림 1〉 두개골 천공술을 받은 해골, Squire, 1877: 457.

---

22 Squire, *Peru*, p.457.

23 Broca, Paul, "Trepanation chez les Incas," *Bulletin de L'Académie Nationale de Médecine* 32, 1867, pp.866-872; Gross, C. G., "A hole in the head," Neuroscientist 5, 1999, p.263.

고대 그리스와 로마에서도 두개골 천공술이 행해졌다. 펠로폰네소스 반도의 청동기 무덤에서 끌로 긁어 천공한 해골이 발굴되었으며, 시칠리아의 히메라에서는 드릴로 뚫어 깔끔하게 동그란 구멍이 난 해골이 발굴되었다.[24]〈그림 2〉 히메라의 해골은 스콰이어가 발표한 해골보다 2천여 년 앞선 것임에도 더 정교한 기술을 발휘한 것으로 보인다. 뇌막이 손상되면 안 되는 천공술은 매우 위험했음에도 불구하고 그리스와 로마에서는 꾸준히 행해졌던 것으로 보인다. 이는 당시 뼈를 다루는 기술이 상당히 발달했음을 의미한다. 천공술은 주로 끌과 드릴을 사용하여 행해졌던 것으로 보이는데, 이들의 천공술을 문헌 사료를 통해 좀 더 자세히 살펴보자.

〈그림 2〉 히메라 박물관, 카푸치나, 무덤 번호 4444,
ⓒDavide Mauro, CC BY-SA 4.0, https://commons.wikimedia.org/
wiki/File:Antiquarium_Himera_04.jpg

---

24   Mountrakis, "Bronze Age", p. 204, fig. 6; Fabbri, "Himera", fig. 4.

3. 히포크라테스의 『머리 부상에 대하여』와 천공술

기원전 5세기 말에서 4세기 초에 쓴 것으로 보이는 히포크라테스의 『머리 부상에 대하여』나, 서기 1세기경 쓴 켈수스의 『의학에 관하여』 등에는 드릴과 끌을 사용한 천공술이 설명되어 있다. 히포크라테스 학파의 의사들은 고여 있는 피가 썩어 고름이 될 수 있다고 생각했기 때문에 머리에 출혈이 생기면 이를 빼내기 위해 천공술을 행했다.[25] 『머리 부상에 대하여』는 크게 네 부분으로 나눌 수 있다. 첫 번째 부분(1-3장)은 두개골에 대한 설명이다. 특히 봉합(suture)과 판사이층(diploe)에 관한 설명에 집중한다. 또한, 뼈가 두꺼운 부분과 얇은 부분을 설명하면서 대천문을 뼈가 가장 얇은 부분으로 소개한다. 이 부분은 뼈가 얇아서 뇌막에 바로 닿을 수 있기 때문에, 부상을 입으면 위험하다고 설명한다. 두개골의 구조에 관한 설명은 해부학적이지는 않지만, 경험적이어서 처음 두개골을 치료해야 하는 의사도 쉽게 이해할 수 있도록 한다. 두 번째 부분(4-8장)에서는 두개골 부상의 종류를 나열한다. 1) 골절된 경우, 2) 타박상만 있고 골절이 없는 경우, 3) 뼈가 꺼지는 경우, 4) 맞은 곳의 뼈가 움푹 들어가는 경우(이를 헤드라, hedra라고 한다), 5) 맞은 곳과 부상 입은 곳이 다른 경우의 총 다섯 가지를 언급한다. 세 번째 부분(9-12장)에서는 천공해야 하는 경우를 나열하고, 진단하는 법을 설명한다. 천공이 필요하면 해야 하지만, 뼈가 꺼진 경우에는 천공을 거의 할 필요가 없다고 한다. 진료할 때는 먼저 부상 부위를 살피고, 환자에게 다치게 된 경위를 듣는 것이 중요하다고 한다. 그

25 Gross, "A Hole", pp. 264-265.

리고 수술이 필요한지 판단해야 하는 것이다.

마지막 부분(13-21장)에서는 치료 방법이 설명되어 있다. 치료 방법은 주로 끌로 손상된 부위를 긁어내는 것이다. 의사는 적당한 힘으로 필요한 부분만 긁어낼 수 있어야 했다. 이는 손상된 부분이 어디인지 정확히 모를 때도 활용되었다. 조금씩 긁어 내려가면서 손상된 부위를 확인하는 것이다. 확인이 어려운 경우, 검은 잉크를 사용했다. 검은 잉크를 바른 후 다음날 깨끗이 닦고 끌로 얇게 긁었을 때 검은 잉크가 없어지면 손상된 곳이 없는 것이고, 잉크가 보이면 그 부분에 균열이 있거나, 타박상을 입은 것이다. 그러면 그 부분을 끌로 제거하면 되었다(14장). 저자는 마지막 장(21장)에서 드릴에 대해 설명하는데, 이는 다음과 같다:

> 두개골을 천공할 때는 뼈가 뜨거워질 때마다 드릴(프리온, πρίων)을 수시로 떼어 찬물에 식혀야 한다. 드릴이 돌아 뜨겁게 되면 뼈를 달구고 건조하게 만들기 때문에 원하던 것보다 더 큰 뼛조각이 떨어질 수 있기 때문이다. 단번에 뇌막까지 뚫을 때도 프리온을 수시로 찬물에 넣어야 한다. 그러나 시술이 처음이 아니고 전에 하던 것을 이어서 하는 것이라면 단번에 뇌막까지 톱니가 있는 프리온 카라토스(πρίων χαρακτός)로 뚫어야 하며, 이렇게 할 때에는 수시로 탐침으로 관찰하면서 해야 한다. 이때 뼈가 훨씬 빠르게 잘리며, 뼈가 겉만 살짝 싸고 있을 가능성이 크기 때문이다. 특히 손상된 부위가 뼈가 얇은 곳에 위치한다면 더더욱 그러하다. 드릴을 어디에 위치시킬지 유의해야 하는데, 뼈가 특히 두꺼운 지점에 하는 것이 좋다. 그 위치에 프리온을 고정시킨 다음 계속해서 관찰해야 한다. 뼈를 제거하면 상처에 적절한 약을 바른다. 시술을 처음부터 맡아서 하는 것이고, 단번에 뇌막까지 도달

하려고 한다면 마찬가지로 탐침을 사용하여 프리온이 가장 두꺼운 곳에 있는지 수시로 관찰해야 한다. 그리고 드릴을 이리저리 돌리며 뼈를 제거해야 한다. 그러나 트리파논을 사용할 경우, 첫 시술이라 할지라도 바로 뇌막에 도달하려 하지 말고, 톱질할 때처럼 얇은 층의 뼈를 남겨두어야 한다.(히포크라테스, 『머리 부상에 대하여』, 21)

여기서 드릴은 톱을 지칭하는 단어인 프리온(πρίων)으로 표현되어 있지만, 프리온이 "돈다"는 표현이나 이것이 너무 돌아서 뜨거워진다는 점 등을 생각할 때, 이 단어가 드릴을 뜻한다는 것을 알 수 있다. 옥스퍼드 그리스어 사전도 프리온의 세 번째 뜻으로 원통형 드릴(cylindrical drill, 크라운 드릴을 뜻한다)을 제시한다.[26] 다만, 그리스에서 프리온을 드릴이라는 뜻으로 사용한 것은 히포크라테스의 이 저작 외에는 없다. 아마도 끝의 톱니 모양 때문에 톱과 통칭하여 그렇게 부른 듯하다. 이 부분에서 히포크라테스는 일반 프리온과 톱니가 있는 프리온, 그리고 트리파논을 구분한다. 일반 프리온은 기본적으로 사용되는 드릴을 의미하며, 단번에 뇌막까지 도달할 수 있는 좀 더 강력한 것은 톱니가 있는 프리온이다. 프리온은 아마도 후대에 켈수스가 말하는 모디올루스와 유사할 것으로 생각된다(아래에서 더 자세히 다룬다). 이는 원통 모양의 드릴이어서 원 모양의 구멍을 한 번에 낼 수 있다. 트리파논은 원통형이 아닌 뾰족한 막대형 드릴로 생각된다. 드릴은 손으로 돌리거나 활을 사용해서 돌렸다 〈그림 3〉.

---

26 LSJ, 1465.

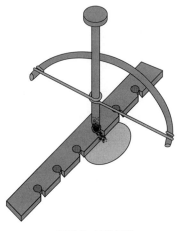

〈그림 3〉 보우 드릴
ⓒHirsutism, CC BY 3.0, https://en.wikipedia.org/wiki/Bow_
drill#/media/File:Bow_Drill_with_annotations.svg.

로마 시대의 켈수스 역시 드릴에 관해 설명한다.

손상된 부위가 작을 경우, 작은 드릴 모디올루스(modiolus)를 사용한다. 이를 그리스인들은 코이니키스(χοινικίς)라고 불렀다. 손상된 부위가 넓을 경우, 큰 드릴 테레브라(terebra)를 사용한다. … 모디올루스는 아래쪽 날이 톱니로 된 원통 모양의 철제도구다. 이 원통의 중앙에는 동그란 판이 연결되어 있는 핀이 고정되어 있다. 테레브라에는 두 종류가 있다. 하나는 대장장이들이 사용하는 것과 유사하고, 다른 하나는 날이 더 길다. 후자는 끝은 뾰족한데 가운데가 갑자기 넓어졌다가 다시 좁아진다. … 뼈가 검으면(si nigrities), 끌로 작은 홈을 만들어 핀을 꽂을 수 있도록 한다. 그래야 핀이 고정되어 모디올루스가 돌 때 미끄러지지 않는다. 그러고 나서 끈으로 드릴을 돌린다. 힘을 적당히 주어 모디올루스가 구멍을 뚫으면서도 돌도록 해야 한다. 너무 살살 누르면 잘 안 나가고, 너무 세게 누르면 돌지 않는다. 장미 기름이나 우유를 떨어뜨리면 더 부드럽게 나간다. 다만, 너무 많이 사용하면 도구가 무뎌진다. 모디올루스가 어느 정도 돌면 안의 핀을 뽑고 돌린다. 아래 있는 뼈의 상태가 괜찮은 것으로 보이면 드릴을 내려놓는다. 그러나 모디올루스로 손상된 부위를 다 덮지 못할 경우, 테레브라를 사용해야 한다. 이 드릴로는 손상된 뼈와 정상인 뼈의 경계에 좁은 간격으로 떼어낼 곳의 가장자리를 빙 둘러 구멍을 뚫는다. 뼛가루를 보면 드릴을 얼마나 더 뚫어야 하는지 알 수 있다. 다음으로 끌을 망치로 때려 구멍 사이를 자른다. 그렇게 해서 모디올루스가 만든 것처럼 (그러나 더 큰)동그라미가 잘려 나간다. 정상인 뼈가 나올 때까지 한 겹씩 뼈를 끌로 깎아낸다.(켈수스, 『의학에 관하여』, 8.3)

이 드릴은 현대의 것과 유사할 것으로 생각된다.(Gross, 1999: 264, 266, fig. 3) 모디올루스는 원통형이라 상처 부위를 덮어 가장자리에 홈을 내고, 그 가운데의 뼈를 떼어낸다. 히포크라테스가 말한 프리온과 유사하다. 켈수스가 모디올루스의 그리스어라고 하는 코이니키스는 바퀴의 테두리를 뜻하는 것으로 드릴의 끝이 원통 모양이라 바퀴의 테두리와 유사하여 그렇게 불렀던 것 같다.[27] 테레브라는 끝이 뾰족한 막대기 드릴로 작은 구멍을 낸다. 그래서 넓은 범위의 상처가 있으면, 그 가장자리에 좁은 간격으로 구멍을 내고, 그 사이를 나중에 끌로 깎는 방식으로 뼈를 깎아낸다. 이

---

27 LSJ, 1996.

는 갈레노스나 아이기나의 파울루스에서도 발견할 수 있다.[28] 특히 갈레노스는 아밥티스타(abaptista)라는 도구를 발명했는데, 드릴이 뇌막에 닿지 않도록 하는 안전장치를 말한다. 단어 자체가 그리스어의 '~하지 않는'을 뜻하는 접두사 'a'와 '빠지다'는 뜻의 'baptiston'을 합친 단어이다.[29] 뇌막으로 빠지지 않도록 하는 장치라는 뜻인데, 로마의 천공술이 안전을 얼마나 중요시했는지 알 수 있는 장치다.

그리스와 로마의 문헌자료가 제한적이라 이 정도만 가지고는 천공술을 정확히 이해하는 데 한계가 있다. 고고학적 발굴도 충분한 정보를 제공해 주지 못한다. 의사는 어떻게 끌로 조금씩 뼈를 깎을 수 있었을까? 드릴은 어느 정도로 정교했기에 두개골을 뇌막을 건드리지 않고 뚫을 수 있었을까? 해부를 해 보지 않은 그리스의 의사들은 어떻게 자신감을 가지고 천공술을 행할 수 있었을까? 이러한 의문을 해소하기 위해 약간의 상상력이 필요하다. 조각 기술로 눈을 돌리면 힌트를 얻을 수 있다.

4. 두개골 천공술과 조각 기술의 비교

1) 드릴의 활용

드릴은 의료의 목적 외에도 일반적으로 사용되었다. 에우리피데스의

---

28   Gal. Meth. *Healing* 10.445-447; Paul 6.90.5.
29   González-Darder, *Trepanation*, pp.77-78.

극 〈키클롭스〉에서는 오디세우스가 배를 건조하는 사람이 사용하는 것 처럼 드릴을 사용할 것이라고 말한다.

> 그런데 그가 바코스의 힘에 의해(술에 취해) 잠이 들면, 그의 동굴 안에 올리 브 가지가 있으니, 그 끝을 내 칼로 뾰족하게 다듬어 불에 달굴 것이오. 그 게 달귀지면 그것으로 키클롭스의 얼굴을 찔러 그의 눈을 태워버릴 것이 오. 마치 배를 건조하는 사람이 끈 두 개로 나사를 돌리듯, 나는 그 가지를 드릴(트리파논) 삼아 그의 눈알을 태워 도려낼 것이오.(에우리피데스, 『키클롭 스』, 454-463)

이 극에서 오디세우스가 말하는 것과 같이, 구멍을 내는 막대기가 어 떤 형태인지와 관계없이 드릴은 손으로 돌리거나 끈을 사용해서 돌렸다. 〈그림 3〉에서처럼 드릴이 돌아가도록 막대기를 둥근 꼭지에 꽂고, 막대 기 몸통에는 끈을 감은 다음 끈의 양 끝을 활에 연결해서 한 손으로는 활 을 밀고 당기며 사용하는 것을 보우 드릴(Bow Drill)이라고 했다.[30] 노동을 많이 줄여주는 이 기술은 선사시대부터 사용되었을 것으로 보인다. 배를 건조하는 사람이 사용하는 드릴은 기원전 166년경 지어진 페르가몬의 대 제단에서 발견할 수 있다. 이 제단의 텔레포스 프리즈에는 배 모양으로 된 아우게(Auge, 텔레포스의 어머니)의 관을 만드는 장면이 나온다.[31] 〈그림

---

30 Ulrich, Roger Bradley, *Roman Woodworking*, New Haven: Yale University Press, 2007, pp.30-31.
31 베를린, 페르가몬 무제움, 4, Nantet, E., Berenguel, M., and Katz, D., "Repositioning the Sea on the Great Altar of Pergamon: A Demonstration of Hellenistic Boat

4) 이 장면에서 네 명의 목수는 배를 만들고 있는데, 각각 끌과 망치, 자귀 (adze), 보우톱, 그리고 보우 드릴을 사용하고 있다. 〈그림 4〉에서 동그라미로 표시한 보우 드릴을 보면, 막대기를 잡고 있는 목수의 왼팔이 부서지긴 했지만, 왼팔로 막대기를 잡고 오른팔로 활을 잡아 돌리고 있는 모습을 확인할 수 있다.

〈그림 4〉 베를린, 페르가몬 무제움, 4, 저자 수정(동그라미 표시 부분)
ⓒBrokenSphere, CC BY-SA 3.0, https://commons.wikimedia.org/wiki/File:Pergamon_
Altar_-_Telephus_frieze_-_panel_5+6.jpg

Construction on the Telephos Frieze", *American Journal of Archaeology* 126, 2022, pp.483-485.

보스턴에 있는 히드리아 그림에는 아크리시오스의 목수가 다나에와 그녀의 아들 페르세우스를 태워 보낼 나무 궤짝을 만들고 있다.[32] 〈그림 7〉 그 역시 보우 드릴을 사용한다. 이 항아리는 기원전 490년경의 것으로 매우 오래되었음에도 불구하고 보존이 잘 되어 있어 보우 드릴을 어떻게 사용했는지 정확히 확인할 수 있다. 목수가 왼손에 잡고 있는 막대기에는 일종의 손잡이가 달려 있었던 것으로 보인다. 드릴이 돌아갈 수 있도록 막대기를 꽂아 넣은 둥근 꼭지도 명확히 보인다.

조각에도 드릴은 활발히 사용되었다. 가장 먼저 드릴이 필요한 곳은 채석장이었다. 그리스 대리석 조각이 시작되던 기원전 7세기부터 채석장에서는 거대한 대리석을 채석하면서 최대한 버리는 부분을 줄이기 위해 드릴을 사용했다. 일단 필요한 부분을 큰 사각형으로 표시하고 좁은 간격으로 드릴 구멍을 뚫었다. 그리고 남은 부분은 끌로 제거하여 바위를 잘랐다. 아래의 면은 쐐기를 이용해서 분리해 냈다. 이러한 조각 기술은 테레브라로 천공할 때의 기술과 같다. 이때 필요한 기술은 그리 세밀한 것은 아니었지만, 시간이 흐를수록 기술이 점차 정교해지면서 매우 세밀한 조각도 가능하게 되었다.[33] 이미 미케네의 사자의 문에도 이러한 드릴 기술이 활용된 것으로 확인되며, 340여 개의 드릴 구멍을 뚫어서 정교한 선을 조각한 것으로 보고되었다.[34]

파우사니아스는 조각할 때 드릴을 가장 먼저 사용한 것은 기원전 420년

---

32 보스턴, 보스턴 미술관, 13.200; ARV: 247.1

33 Adam, *Greek Sculpture*, pp.42-44.

34 Blackwell, N. G., "Making the Lion Gate Relief at Mycenae: Tool Marks and Foreign Influence", *American Journal of Archaeology* 118, 2014, pp.456-457.

경 칼리마코스가 에렉테이온의 청동 램프를 천장에 달기 위해 구멍을 뚫었을 때라고 전하지만, 그는 잘못된 정보를 가지고 있었다.[35] 기원전 660년경 제작된 것으로 보이는 델로스의 니칸드레 상에도 드릴이 사용된 것으로 보여 드릴은 그리스에서 꾸준히 조각에 사용된 것을 알 수 있다.[36] 〈그림 5〉 델로스섬에서 제작된 니칸드레 상은 팔을 내리고 정면을 바라보고 서 있는데, 몸통과 팔 사이를 드릴로 팠다. 이런 부분은 끌과 정으로 할 경우, 팔이 부러질 수 있어서 드릴로 여러 개의 홈을 판 다음, 그 사이를 끌로 파서 만든 것이다. 이 방법은 조각에서는 매우 흔하게 사용되던 방식으로 '벌집파기(honeycombing)'라고 한다.[37] 테레브라를 사용하는 천공술은 이미 벌집파기로 흔한 기술이었던 것이다. 기술이 발달하면서 조각가들은 점차 더 세밀한 표현을 하기 위해 드릴을 사용했다. 특히 옷의 주름을 표현하기 위해 드릴이 사용되었다. 델로스 박물관의 코레상은 기원전 525년경 제작되었는데, 다양한 드릴의 사용법을 한눈에 볼 수 있다.[38] 〈그림 6〉 먼저, 옷의 주름이 드릴로 표현되었다. 주름의 볼록한 부분과 오목하게 들어간 부분은 먼저 드릴로 길을 내어 만들었다.[39] 그리고 볼록한 부분은 아래에 드릴로 여러 개의 구멍을 뚫어 그 부분을 얇게 만든 뒤 끝을 다듬었다. 코레상의 오른팔 아래 주름을 보면, 지금은 조각이 손상되어 드릴 자국이 겉으로 드러나지만, 당시에는 드러나지 않았을 것이

35 Paus. 1.26.7
36 아테네, 고고학 박물관, Adam, *Greek Sculpture*, p.44.
37 Adam, *Greek Sculpture*, p.44.
38 델로스 박물관 4064.
39 Boardman, *GSCP*, pp.10-11.

다. 코레가 손으로 들어 올려 옷감이 뭉쳐 올라간 곳은 큰 드릴(구멍의 지름 약 4cm)로 뚫은 것으로 보인다. 크게 잘못될 것이 없는 부분이라 그렇게 했겠지만, 세밀한 부분은 지름 2-3mm의 얇은 드릴로 여러 번에 걸쳐 뚫었을 것이다.[40] 또한, 코레의 오른쪽 어깨에는 5개의 구멍이 있는 것을 볼 수 있는데, 이는 여성이 입고 있는 옷인 키톤의 어깨 단추를 달기 위한 것이다. 여기에 보석이나 청동 등의 재료로 화려한 단추를 달았을 것이다. 이렇게 부속물을 달기 위한 구멍은 후에 투구의 장식, 말의 재갈, 방패의 장식 등을 달기 위해 자주 사용되었다. 이때 필요한 구멍은 당연히 드릴로 뚫었다.

조각가들은 점차 드릴 기술이 좋아져서 더 대담한 표현을 하기 위해 드릴을 사용했다. 기원전 4세기가 되면 기술은 정점에 다다르게 되는데, 기원전 360년대에 지어지기 시작해서 340년대에 완공되었다고 생각되는 할리카르나소스의 마우솔레움은 좋은 예가 된다.[41] 이 건물의 프리즈에는 아마존과의 전투, 켄타우로스와의 전투, 전차경주가 묘사되어 있으며, 생생한 움직임을 역동적으로 표현해내고 있다. 이를 위해 조각가는 드릴을 활발히 사용하고 있다. 〈그림 7〉의 프리즈에는 왼쪽에서 오른쪽으로 싸우고 있는, 투구를 쓰고 방패를 든 나체의 그리스 군사가 오른쪽에서 왼쪽을 향해 싸우고 있는 투구를 쓰지 않고 옷을 얇게만 걸친 아마존과 상대하고 있다. 프리즈는 부조임에도 불구하고 조각이 거의 환조로 느껴질

---

40   Adam, *Greek Sculpture*, p.46.
41   이상덕, 「할리카르나소스(Halikarnassos)의 마우솔레움(the Mausoleum)을 통해 마우솔로스가 전하고 싶었던 메시지」, 『서양고대사연구』 54, 2019, 68쪽.

〈그림 5〉 왼쪽, 델로스의 니칸드레 상, 아테네, 국립 고고학박물관, Inv. 1.
ⓒDerHexer, CC BY-SA 3.0, https://commons.wikimedia.org/wiki/
File:Statue_of_Nikandre.jpg

〈그림 6〉 오른쪽, 델로스의 코레상, 델로스 박물관 4064.
ⓒZde, CC BY-SA 3.0, https://commons.wikimedia.org/wiki/File:Kore_
ca_525_BC_Museum_Delos_A4064_Zde102113.jpg

정도로 도드라져 있다. 특히 몸의 윤곽은 드릴로 뚫어 멀리서 보면 굵은 선으로 윤곽선을 그린 것처럼 선명하게 보이는 효과를 낸다. 왼쪽의 아마존은 왼손에 손도끼를 들고 있었던 것으로 보이는데, 왼팔이 아예 몸으로부터 떨어져 있고, 도끼의 끝만 벽에 붙어 있던 자국이 남아 있다. 아마 공중에 떠 있는 부분이 약해서 세월을 지나면서 먼저 부서졌을 것으로 보인다. 이렇게 공중에 떠 있는 것을 표현하기 위해서도 드릴을 사용했다. 오른쪽의 넘어져 있는 아마존도 오른 다리가 벽과 떨어져 있다. 이러한 공간감은 모두 드릴로 나타낸 것이다. 드릴 기술이 발달하면서 아주 약한 부분도 손상을 입히지 않으면서 조각할 수 있게 된 것을 확인할 수 있다.

〈그림 7〉 아마존과의 전투, 런던, 대영박물관, GR1857.12-20.268-270.
https://commons.wikimedia.org/wiki/File:Amazon_Frieze_BM_GR1857.12-20.268-270.jpg

드릴과 드릴 기술은 기원전 4세기경 조각 기술이 정점에 이르렀을 때 거의 완성되었다고 볼 수 있다. 아주 약한 부분도 드릴로 뚫을 수 있었으며, 아주 작은 구멍부터 상당히 큰 구멍까지 크기도 조절할 수 있었다. 조각에서 발휘하는 기술은 천공술에도 사용되었을 것이며, 작고 얇은 부위에 구멍을 낼 때도 다른 부분에 손상을 주지 않으면서 할 수 있었을 것이다. 히포크라테스와 켈수스는 모두 손상을 줄 수 있는 위험 요소를 미리 알고 설명한다. 될 수 있는 한 뼈가 두꺼운 부분을 집도해야 한다는 것, 얇은 부분일 경우 탐침을 사용해야 한다는 것 등은 오랜 경험과 기술을 통해 습득한 지식일 것이다.

2) 끌의 활용

끌은 다양한 모양의 칼이 막대기 끝에 붙어있어 그대로 사용하거나, 그 반대쪽 끝을 망치로 때려가며 깎는 도구다. 의료용으로는 로마 시대에 많이 언급된다. 끌은 주로 뼈를 잘라낼 때 사용했다. 앞서 보았듯이 드릴로 뼈에 한 줄로 구멍을 낸 뒤에 그사이를 깎아서 천공할 때도 사용했다. 그 외에도 여러 가지 용도로 사용되었는데, 히포크라테스와 마찬가지로 켈수스도 두개골이 손상되었을 때 갈라진 틈을 찾는데 끌이 사용되었음을 전하고 있다.

봉합부위도 거칠기 때문에 속을 수 있다. 그래서 비록 실제로 균열이 있는 데도 봉합부위라고 생각할 수 있다. 우리는 여기에 속아서는 안 된다. 가장 안전한 방법은 뼈를 드러내는 것이다. 위에서 언급했듯이 봉합부위가 항상 같은 위치에 있는 것은 아니며, 뼈의 접합부위와 상처로 인한 균열이 우연히 일치하거나 균열이 가까이 있을 수 있기 때문이다. 그러므로 때때로 타격이 심했을 때, 탐침에 의해 감지되는 것이 없더라도, 그 부위를 여는 것이 최선이다. 그때에도 균열이 보이지 않으면, 잉크를 뼈에 바르고, 끌로 긁어내야 한다. 균열이 있으면 끌로 긁어도 그 부분이 검게 유지되기 때문이다. … 혹여 절개를 잘못했다고 해도 두피는 별 탈 없이 치유된다. 골절된 뼈는 치료하지 않으면 심한 염증을 일으키며 나중에 치료하려 하면 더 어렵다. 드물게, 뼈가 온전한 상태로 남아 있는데 두개골 내에서 뇌막의 혈관이 타격으로 파열되어 출혈이 있으면, 이것이 혈전을 형성하고, 큰 통증을 일으키거나, 때로는 시야를 흐리게 하는 일이 발생한다(켈수스, 『의학에 관하여』, 8.4).

히포크라테스로부터 켈수스의 시대까지 3백여 년이 흘렀는데 거의 변화가 없는 것이 신기하다. 끌은 크기와 모양이 다양했기 때문에 넓은 면적에서부터 세밀한 곳까지 사용할 수 있었다. 다양한 끌들은 조각에 사용되는 것이지만, 의료용 끌도 이와 유사했을 것으로 보인다. 칼은 힘이 약했고, 드릴은 구멍을 내는 도구였으며, 톱은 사용할 수 없는 경우가 있었기 때문에 끌은 뼈를 부수는 것에서부터 자르는 것까지 다양한 곳에 활용되었다. 두 개의 끌을 한 쌍으로 하나는 고정하고, 하나는 자르는 용도로 사용하는 경우도 있었다. 이탈리아에서 손잡이가 팔각형이면서 구리합금으로 된 한 쌍의 납작 끌이 발굴되었다.[42]

조각에 있어 끌은 매우 오래전부터 사용되었다. 구석기 시대부터 발견

---

42   Bliquez, 2015, p.385 fig.3.

되며, 청동기를 지나며 발전했다. 그러나 청동기가 석기를 완전히 대체하지 못했다. 청동기는 목재에는 사용할 수 있지만, 석재에는 무용지물이었기 때문이다. 유럽에서도 청동기에 석기 끌이 사용되다가 철기가 되어야 석기 끌이 대체된다.[43] 조각할 때 큰 덩어리들은 펀치 끌과 뾰족 끌로 깎았다. 낙소스에서 발굴된 미완성의 쿠로스는 대강 큰 덩어리들을 뾰족 끌로 깎아낸 모습을 보여준다. 〈그림 8〉 그러나 이렇게 큰 힘을 줘야 하는 끌은 사람의 몸에는 사용할 수 없었기에 의료용에서는 발견되지 않는다. 의료용과 유사한 끌은 납작 끌과 톱니 끌이다. 톱니 끌은 기원전 6세기에 그리스인들이 발명한 것이라고 생각되어 왔으나, 1994년 이집트에서 기원전 7세기의 톱니 끌 자국이 발견되면서 폐기되었다.[44] 톱니 끌은 납작 끌보다 더 깊게 팔 수 있었으므로, 전반적인 윤곽을 만드는 데 사용되었고, 납작 끌은 더 매끈하고 완성된 모습을 만드는 데 사용되었다. 또한, 두 종류의 끌 모두 부조의 바탕이나 어떤 표면을 고르는 데 사용되었다.[45] 연마제를 사용하여 표면을 부드럽게 한 경우가 아니면 끌 자국을 대개 맨눈으로 확인할 수 있다. 기원전 370-360년에 제작된 코이리네(Choirine) 묘

43 Coghlan, Herbert, H., "Metal Implements and Weapons", Charles Singer ed., *A History of Technology I*, Oxford: Clarendon Press, 1954, p.603.

44 Palagia, Olga and Bianchi, Robert, S., "Who invented the claw chisel?," *Oxford Journal of Archaeology* 13, 1994, p.187, fig.1; Boardman, J., Persia and the West, London: Thames & Hudson, 2000, p.36.

45 Brecoulaki, Hariclia, "Greek Interior Decoration: Materials and Technology in the Art of *Cosmesis* and Display," Irby, Georgia L. ed. *A companion to science, technology, and medicine in ancient Greece and Rome,* West Sussex: John Wiley & Sons Ltd, 2016, p.687.

비는 바탕이 톱니 끌로 다듬은 것을 확인할 수 있다.[46] 이를 통해 톱니 끌을 꽤 정교하게 사용할 수 있었음을 확인할 수 있다. 의료용으로 사용할 때에도 끌은 이런 식으로 필요 없는 뼈를 깎아내고 표면을 매끄럽게 하는 역할을 했을 것이다. 두개골 천공의 어려운 기술도 정밀하게 해낼 수 있었던 것은 이러한 조각 기술의 발전과 더불어 가능했을 것이다. 대리석과 뼈의 경도가 비슷하여 대리석에 사용된 조각 기술은 뼈에도 똑같이 사용될 수 있었다. 따라서 두개골 천공술을 집도하는 의사는 두개골에 직접

〈그림 8〉 미완성의 낙소스 쿠로스, 아테네, 국립 고고학 박물관, 14.
ⓒZde, CC BY-SA 3.0, https://commons.wikimedia.org/wiki/File:Kouros_102554.jpg

---

46 코이리네 묘비, 런던, 대영박물관, 2007,5001.1; Connelly, Joan Breton, *Portrait of a Priestess: Women and Ritual in Ancient Greece,* New Jersey: Princeton University Press, 2007, p.232.

시험해 볼 수 없었던 기술을 대리석 조각을 보고 시뮬레이션을 할 수 있었을 것이다. 의사들은 대리석에 조각된 것을 보면서 끌을 뼈에 사용하면 어떤 모습이겠구나 하는 것을 예상할 수 있었기 때문에 자신의 기술을 확신을 가지고 발휘할 수 있었을 것으로 보인다. 이를 입증할 수 있는 기록이나 증거는 안타깝게도 없다. 그러나 같은 기술이 사용되고 있는 두 분야가 서로에게 영향을 주었으리라 추정해 볼 수 있다.

5. 결론

고대 그리스와 로마의 천공술에 관한 연구는 지극히 제한적이었다. 문헌 사료가 히포크라테스 학파의 저자가 쓴 『머리 부상에 대하여』와 켈수스의 『의학에 관하여』 정도에 짧게 있는 정도이고, 남아 있는 고고학 사료도 많지 않거니와 의료 도구도 일반 도구와 혼동될 정도로 전문적이지 않기 때문이다. 당대의 의사들이 천공술을 행한 것은 확실하며, 그들의 치료를 이해하기 위해서는 의료 도구에 관한 이해가 필수다. 그러나 제한된 사료만 가지고 이해하는 데 한계가 있다. 우리는 새로운 시도를 통해 고대의 의료 도구를 이해할 필요가 있다. 이 장에서 바로 이러한 시도를 해 보았다. 고대 그리스와 로마에서 사용한 드릴과 끌은 조각에서도 사용되었고, 두개골 천공 등 의료적 목적으로도 사용되었다. 그 모습이 조금 달랐을 수도 있지만, 아마도 구분이 어려울 정도로 유사했을 가능성이 더 크다. 전문가를 초청하는 문화가 일반적이던 기원전 5-4세기에 기술의 교류 역시 활발했을 것이며, 의사들도 조각가들의 발전된 기술을 받아들였을 것으로 생각할 수 있다. 이에 대한 문헌적 증거는 없지만, 남아 있는 고고학적 사료로부터 의사들이 영감을 받았을 법한 요소들을 많이 찾을 수 있고, 그 기술이 천공술에 활용되고 있음을 확인할 수 있기 때문이다. 톱니를 적용하여 도구의 효력을 강화한 것이나, 드릴을 사용하여 손상을 최소화하는 것 등이 그 예이다. 의사들의 기술을 조각가들이 배웠을 가능성은 조금 더 낮다. 조각가들이 수술장면을 보는 것이 쉽지 않았을 것이기 때문이다. 본 연구는 직접적인 문헌 증거가 불충분하다는 한계가 있지만, 가능한 많은 도상학적 증거를 통해 드릴과 끌에 관한 이해를 확장하는 데 기여하기를 기대해 본다. 현대의 우리가 새로운 기술을 여러 영역에서 동시에 활용하는 것처럼, 고대 그리스에서도 여러 분야가 서로의 발전을 벤치마킹하면서 자기 분야의 발전을 도모했음을 알 수 있다.

산업기술에서 일상기술, 그리고 방역을 돕는 기술로*

— 한국의 QR 코드 도입과 확산

정세권
경희대학교 인문학연구원 HK+통합의료인문학연구단 HK연구교수

* 이 글은 「산업기술에서 일상기술, 그리고 방역을 돕는 기술로-한국의 QR 코드 도입과 확산」(『인문학연구』 57, 2023)을 수정, 보완한 것임을 밝혀둔다.

1. 서론

유례없는 전염병을 이겨내기 위해 지난 수년 동안 동원한 수많은 자원 중 단연 돋보인 것은 과학기술이었다. 모든 생활시설에 비치된 손소독제와 항균 필름은 눈에 보이지 않는 바이러스를 막는 최소한의 방어막이었고, 직접 얼굴을 마주할 수 없는 곤란함은 화상회의 프로그램으로 해결했다. PCR은 코로나바이러스에 감염되었는지 확인할 수 있는 가장 정확하고 신뢰할 만한 방법으로 팬데믹 초기부터 확진자를 진단하고 추가 감염과 확산을 막는 데 결정적 역할을 담당했다. 팬데믹이 시작되자마자 연구되기 시작한 mRNA 백신은 기존 생백신이나 사백신 혹은 유전자재조합백신에 비해 빠르고 효과적으로 전염병을 억제하는 데 기여했다. 또한 감염병 확산을 예측하고 이에 대응할 수 있는 계획을 수립하는 데 있어 AI와 빅데이터는 필수적이었다.[1]

그중에서도 우리가 한 번씩은 경험해 본, 예전에는 다소 어색했을 모르지만 코로나19 덕분에 익숙해진 또 하나의 과학기술이 QR 코드이다.

---

1   이석준, 「ICT 융합 기반 코로나19 방역기술」, 『로봇과 인간』 18-2, 2021, 26-35쪽.

'Quick Response Code'의 줄임말인 QR 코드는 1994년 일본의 덴소웨이 브(Denso Wave)에서 개발한 정보표시기술인데, 기존 1차원적인 바코드에 비해 훨씬 많은 정보를 표시하고 인식할 수 있었다.[2] 우리나라의 경우 2002년 10월 산업자원부 산하 기술표준원이 QR 코드를 KS 규격으로 확정하면서 도입됐고, 유통업계뿐 아니라 일상생활 곳곳에서 폭넓게 활용되었다. 그리고 코로나19를 겪으면서 우리는 자신의 동선과 백신접종 여부를 확인받기 위해 QR 코드를 이용했다.

국내에 QR 코드의 역사나 한국으로의 도입 및 확산을 다루는 학술적 연구는 많지 않다.[3] QR 코드를 혁신하거나 다양한 목적으로 활용하는 방안에 관한 연구는 많지만, 이 기술이 어떻게 한국에 들어왔으며 사회 전체로 확산되었는지 면밀하게 정리되어 있지 않다. 그렇지만 최근 보건의료를 지원하는 기술적 요소에 대한 연구는 QR 코드의 역사를 이해하는 데 도움을 준다. 예를 들어 마스크라는 사물이 특정한 사회에서 다양한 방식으로 사람 및 여타 사물들과 관계를 맺는 방식에 대한 연구는 그 사물의 다면성을 드러냄과 동시에 "인공물과 과학, 문화, 정치, 사회의 얽힘"을 드러냈다.[4]

---

2   Densowave.com; "From Japanese auto parts to ubiquity: A look at the history of QR codes". *Mainichi Daily News*. 9 November 2021.

3   노윤미, 「정보속으로: IT 이슈-QR 코드의 이해와 활용」, 『지역정보화』 67, 2011, 37-40 쪽; 신주연, 「QR코드, 시장에서 제대로 활용하려면」, 『마케팅』 46-3, 2012, 71-74쪽; 조환철, 「스마트팩토리와 라벨(바코드, QR코드)」, 『융합경영리뷰』 10, 2020, 6-9쪽; 정대사, 장염, 박현정, 「QR코드 사용 확산에 영향을 미치는 요인: 사용 목적에 따른 차이를 중심으로」, 『무역연구』 16-6, 2020, 705-715쪽.

4   현재환, 홍성욱 엮음, 『마스크 파노라마』, 문학과지성사, 2022. 인용은 11쪽.

이 글은 보건의료와 관련된 기술을 이해하는 연구의 연장선에서 1949년 바코드가 개발, 활용된 이래 50여 년 만에 2차원적인 QR 코드가 등장한 역사를 개괄한다. 그리고 1990년대 후반 우리나라 유통업계에 QR 코드가 도입되고, 다른 산업계 및 일상으로 급속하게 퍼지는 과정을 추적한다. 마지막으로는 유통 혁신을 위해 도입된 QR 코드가 코로나19 대유행 당시 동선 확인 및 백신접종을 증명하는 기술로 '잠시' 변신하는 과정을 살펴본다. QR 코드의 사례를 분석하면서 이 글은 정보표시 및 인식기술의 도입과 확산을 단순히 해당 기술의 발명 및 혁신으로만 이해할 수 없으며, 이를 가능하게 한 다른 기술적 요소(ex. 스마트폰과 무선인터넷, 제로페이 및 관련 앱)와 사회적 요인들(ex. 유통 정보화, 코로나19 대유행 등)의 얽힘이 중요했다는 사실을 보일 것이다. 흥미로운 점은 코로나 대유행 당시 방역을 위해 활용된 QR 코드가 그 자체로는 다른 방식(혹은 기술)에 비해 이점을 지녔지만, 디지털 리터러시를 둘러싼 논란과 백신접종에 대한 반감 등 외부적 요인으로 인해 예전 산업기술로 활용되던 때와는 다른 논란에 휩싸이기도 했다는 것이다. 전염병을 극복하기 위한 여러 방침을 둘러싼 가치의 충돌이 '가치중립적인' 것처럼 보이는 기술의 흥망성쇠에 영향을 줄 수도 있다는 것이다. 그럼에도 QR 코드는 전염병을 계기로 거의 대다수 국민에게 익숙한 기술로 자리매김하면서, 공중보건이 아닌 다른 영역에서 향후 더욱 큰 영향력을 가질 가능성도 얻었다. QR 코드의 역사를 통해서, 하나의 산업기술이 전염병 대유행과 같은 특수한 환경에 놓이게 될 때 과거와는 다른 새로운 의미를 띠고 변해 가는 모습을 이해할 수 있다.

2. 바코드에서 QR 코드까지[5]

사물의 정보를 컴퓨터가 인식할 수 있는 바코드는 1949년 발명되었다. 미국 필라델피아의 드렉셀 공대(Drexel Institute of Technology) 대학원생 실버(Bernard Silver)와 우드랜드(Joseph Woodland)는 굵기가 서로 다른 흑백 막대를 조합해 이를 컴퓨터가 이진법으로 인식하는 코드를 만들었다. 코드에 레이저를 비추어 반사되는 양상을 구분하는 방식이었는데, 검은 막대는 레이저를 많이 흡수하기 때문에 상대적으로 적은 빛을 반사했고 흰색 막대는 더 많은 빛을 반사했다. 이런 차이를 0과 1로 인식하여, 흑백막대의 굵기와 배열에 따라 정보를 판독할 수 있도록 고안된 것이 바코드였다. 1949년 고안되고 3년 뒤 특허를 받았지만, 바코드가 상업적으로 활용되는 데에는 시간이 걸렸다. 1970년대부터 일부 슈퍼마켓에서 바코드가 부착된 상품 정보를 읽는 방식이 도입되었고, 비행기 탑승객의 수화물을 분류하거나 교량 통행권의 유효기간을 점검하고 신분증에 새겨진 바코드를 확인하는 방식 등 활용범위가 넓어졌다.[6]

우리나라의 경우 국제표준에 맞는 바코드를 처음 사용한 것은 1988년

5 　바코드와 QR 코드 이미지에 담긴 문화적 함의를 흥미롭게 비교한 기사가 있다. Alice Rawsthorn, "Decipering 2 Embedded Signs of Our Times," *New York Times* (2012. 1. 8).

6 　Stepnen A. Brown, "A History of the Bar Code," https://web.archive.org/web/20061010040753/http://eh.net/encyclopedia/article/brown.bar_code (2023. 10. 27. 접속); Gavin Weightman, "The History of the Bar Code," *Smithonian Magazine* (September 23, 2015) https://www.smithsonianmag.com/innovation/history-bar-code-180956704/ (2023. 10. 27. 접속).

이지만, 그 이전부터 여러 유통업체가 나름의 바코드를 만들어 사용했다. 뉴코아 유통은 1984년에 자체적인 바코드를 개발하여 상품을 신속히 계산하고 재고를 파악할 수 있는 시스템을 도입했다. POS(Point of Sales, 판매시점 전산관리)라고 하는 이 시스템은 편의점이나 백화점에서 제품을 판매할 때, 상품 가격을 확인하거나 재고를 파악하고 새로운 물량을 주문, 입고하는 과정을 컴퓨터로 관리하여, 유통의 효율을 높이는 것이었다. 게다가 계산에 필요한 인력을 대폭 감축할 수 있어 인건비를 줄일 수도 있었다.[7] POS는 상품의 판매 이력을 전산으로 기록하고 재고를 파악, 새로운 상품을 주문하는 방식으로서, 그 과정에 바코드가 활용됨으로써 더욱 효율적으로 유통과정을 관리할 수 있었다.

그렇지만 POS 시스템의 전제조건은 상품 정보를 담은 코드가 표준화되어야 한다는 것이었다. 코드를 인식하는 스캐너나 인식된 정보를 취합하는 컴퓨터 기술도 중요했지만, 상품별 코드가 제각각이라면 점포마다 정보가 다를 수밖에 없었고, 이를 인식하는 POS 시스템 공급업체도 혼선을 빚을 수밖에 없었다. 뉴코아 유통뿐만 아니라 롯데, 현대, 신세계 등 대형 백화점이 POS 시스템을 활용하고 있었지만, 백화점마다 통일되지 않은 바코드를 사용하는 바람에 상호 호환성이 떨어지는 불편을 겪었다. 또한 금성사, 연희전산, 해태상사, 신흥전자, 삼성반도체통신 등 여러 공급업체가 POS 시스템 시장에 뛰어든 상황에서, 상품별 코드를 표준화하는 것은 유통 정보화를 위해 꼭 필요한 일이었다. 이에 산업자원부 산하 공업진흥

---

7   「POS 도입 본격화」,《매일경제》, 1984.4.8;「제3의 물결 마이컴혁명(3): 유통무인화 시대」,《매일경제》, 1986.3.6.

청과 대한상의는 각 유통업체에서 개별적으로 사용하고 있는 바코드를 표준화하는 한편, 1988년에는 한국산 제품이라는 것을 나타내는 '880' 코드를 국제상품코드관리협회로부터 부여받았다. 이로써 우리나라에서 생산된 제품은 '국가-제조업체-품목-검증코드'로 구성된 13자리 숫자의 바코드를 사용할 수 있게 되었다.[8]

국제적으로 인정받은 바코드가 생기면서 국내 여러 분야에서 이를 적극 활용했다. 신세계백화점은 본점의 POS 시스템을 3개의 분점과 연결되는 시스템으로 구축했다. 이를 통해 전 지점의 모든 매장에서 판매되는 상품의 시간별 매출 정보, 재고량, 고객정보를 판매 즉시 중앙호스트에서 처리, 관리할 수 있었다. 유통 분야뿐만 아니라 의료기관으로는 처음으로 서울중앙병원(서울아산병원의 전신)이 1989년 환자의 진찰권을 마그네틱 카드로 제작하면서 바코드를 넣어 의무기록을 효율적으로 관리할 수 있는 방식을 도입했고 서울대병원, 삼성의료원이 이를 뒤따랐다. 1991년에는 국내에서 출판되는 모든 도서에 바코드의 일종인 국제표준도서번호(ISBN)가 매겨졌고, 대학가에서는 도서관을 출입하고 도서를 대출하는 대출증과 학생증에 바코드가 들어갔다.[9] 유통업계에서 일어났던 자동화, 전산화는 상품 정보를 자동으로 인식하고 취합하는 POS 시스템 구축으로

8   「POS〈판매시점 전산관리〉시스템 상품표준 코드 없어 정착 지연」, 《매일경제》, 1984.8.20; 「상품별 바코드 표준화 시급」, 《매일경제》, 1985.11.5; 「대형유통업체 전산화 경쟁」, 《매일경제》, 1987.1.24; 「POS 시대 본격 개막」, 《매일경제》, 1988.7.7.
9   「대형소매점 POS 체제 본격화」, 《매일경제》, 1998.8.8; 「종합의료정보시스팀 서울중앙병원 첫선」, 《매일경제》, 1989.3.16; 「모든 책에 고유번호 매겨」, 《한겨레》, 1991.7.21; 「바코드(국제표준도서번호) 표시 책 첫 선」, 《한겨레》, 1991.12.7; 「출입-대출-열람 '바코드' 시대」, 《조선일보》, 1992.5.19.

책의 '주민등록번호'격인 ISBN의 바코드.〈한국어휘사
연구〉 뒷표지에 인쇄된 이 바코드는 이 책의 국적과 출
판사명 등을 식별시켜준다.

〈그림 1〉 국내 최초로 국제표준도서번호(ISBN)를 부여받은 『국어어
휘사연구』의 바코드.
출처: "바코드(국제표준도서번호) 표시 책 첫 선",《한겨레》, 1991.12.7.
그림 속 〈한국어휘사연구〉는 〈국어어휘사연구〉의 오타로 짐작된다.

이어졌고, 그 과정에서 표준화된 정보표시기술 즉 바코드는 이후 사회 전
반으로 퍼져나간 것이다.

그러나 바코드에 담길 수 있는 정보의 양이 제한적이었다. 막대형 바코
드는 국가와 제조업체, 그리고 가격처럼 간단한 정보만을 담았기에, 원료
를 수급하는 것부터 완성품을 판매하는 전 과정을 담아내기는 역부족이
었다. 이런 문제는 상품의 수명이 짧거나 소비자의 기호가 수시로 바뀌는
상황에서, 원료 수급과 생산, 판매량을 시시각각 조절하도록 재빨리 대응
하는 데 어려움을 낳았다.

이런 곤란함을 먼저 깨달은 분야는 섬유/의류 업종이었다. 미국의 경우
1980년대 중반부터 의류업계의 소매업체와 제조업체가 컴퓨터 네트워크
를 구축하여, 상품의 판매정보를 공유하면서 소비자의 기호를 파악하고,
신상품을 기획, 제작, 판매하면서 유행의 추이를 모니터하는 방식을 도입
했다. 일명 QR(Quick Response)이라고 불렸는데, 제조-납품-도소매업체가
POS 시스템에 등록된 정보를 공유하고, 재고 및 보충 상황을 파악하여 신

속히 상품을 제작, 납품, 판매하는 시스템이었다.[10]

우리나라의 경우 1990년대 초 섬유업계를 중심으로 QR 시스템을 도입해야 한다는 목소리가 나왔다. 한때 산업 발전의 주역으로 각광받던 섬유산업이 사양산업처럼 인식되면서 섬유업계는 새로운 전략으로 유통 혁신을 주창했다. 의류와 패션에 대한 소비자의 기호가 시시각각 변하고 외국업체와 경쟁이 치열해지는 상황에서, 고부가가치의 다품종소량생산체제를 구축하기 위해서 QR 시스템을 도입해야 한다는 것이었다.[11] 이런 문제의식 아래 한국섬유산업연합회가 1998년 롯데백화점과 속옷 전문업체 신영와코루를 시범업체로 선정, 한국형 QR 시스템의 가능성을 타진했다.[12]

QR 시스템을 성공적으로 구축하기 위해서는 무엇보다 원료를 수급하고 상품을 제조, 판매하는 각 업체 사이에 정보가 원활하게 교환되는 것이 관건이었다. 어떤 상품이 많이 팔리는지를 실시간으로 전달받아 소비자의 동향을 파악하고, 이에 맞추어 생산량을 조절해야 하기 때문이었다.

---

10 「전자상거래란 첨단통신망으로 정보공유」,《매일경제》, 1996.5.30.

11 「섬유산업 더 이상 '사양' 아니다」,《매일경제》, 1994.7.29; 「섬유산업 구조개선 법 제정 바람직」,《매일경제》, 1994.12.23; 「미래기업 성패 정보네트워크 활용도에 달렸다」,《매일경제》, 1996.2.26.

12 「유통정보화 지상 캠페인(10) QR」,《매일경제》, 1999.8.10. 당시 흥미로운 기사 중 하나는, 동대문시장이 성공할 수 있는 요인을 "자발적인" QR 시스템의 형성으로 분석한 것이다. 동대문시장은 원자재를 공급하는 상가와 1만여 개에 달하는 소규모 생산공장, 그리고 도소매 전문상가가 밀접해 있어, 자발적으로 QR 시스템이 만들어졌다는 것이다. 특히 밀리오레나 두산타워 같은 대형쇼핑몰이 소비자를 끌어들이면서, 상인들은 소비자들이 찾는 상품을 경험적으로 재빨리 파악하여 생산을 주문하고, 이를 통해 상품의 회전율이 높아지는 대신 재고율은 떨어지면서 판매단가는 낮아지는 것이었다. 비록 정보네트워크가 구축되어 있지는 않지만 이런 "자발적인 QR 시스템"이 동대문시장의 성공요인이며, 의류업계 전반에 시사하는 바가 크다고 분석하고 있다. 「QR시스템 정착 주문 즉시 생산시장 패션몰」,《매일경제》, 1999.12.17.

이를 통해 생산부터 판매에 이르는 전 유통과정에서 중복되는 것을 제거하고 재고율을 낮추며 유통비용을 줄일 수 있었다.[13]

바코드는 이런 QR 시스템을 구축하는 데 필요한 복잡한 정보를 저장하기 어려웠고, 새로운 코드가 필요했는데 바로 2차원적 바코드였다. 막대 모양의 바코드의 경우, 데이터 용량이 적었고 오류가 발생하면 고치는 것이 불가능했다. 그렇지만 2차원적인 사각형 바코드는 더 많은, 더 다양한 종류의 정보(숫자, 문자 등)를 저장할 수 있었기에 유통 분야뿐 아니라 사회 전반에 활용될 수 있었다.[14] 2차원적 바코드는 여러 가지 종류가 있는데, 우리나라의 경우 기술표준원이 이미 99년에 국가표준으로 확정한 미국의 Data Matrix, Maxi Code 외에 2002년 새롭게 미국의 PDF417(표준번호 KSXISOIEC15438)과 일본에서 만든 QR 코드를 국가표준 KS(표준번호 KSXISOIEC18004)로 확정했다.[15]

그중 QR 코드는 바코드보다 여러 측면에서 장점을 지녔는데, 대표적으로 대용량 데이터를 저장할 수 있다는 점이었다. 바코드가 20자리 정도의 정보를 담았던 반면, QR 코드는 그보다 수십 배에서 수백 배의 정보를, 나아가 숫자와 문자, 한글, 기호 등 다양한 데이터를 담을 수 있었다. 또한 QR 코드는 가로와 세로 양방향으로 정보를 저장할 수 있었기에 기존 바

---

13 「최적재고 경영기법 'QR시스템' 유통과정 최대한 단축에 초점」,《매일경제》, 1998.3.30.

14 https://www.qrcode.com/ko/history(2023. 10. 27. 접속);「2차원 바코드, 사진·소리까지 담는다」,《디지털타임스》, 2003.5.22.

15 「기술표준원, 2차원 바코드 국가표준 KS로 확정」,《아이뉴스》, 2002.11.28;「국내 벤처 2차원 바코드 출력 기술 개발」,《아이뉴스》, 2002.12.3; 산업표준심의회,「정보기술 - 자동인식 및 데이터 획득기술-바코드 기호 사양-QR코드 KS X ISO/IEC 18004」, 2002.

〈그림 2〉 도서출판 모시는사람들 홈페이지 QR코드

코드와 비교할 때 똑같은 정보량을 1/10 정도 작은 크기에 담을 수 있었다. 또한 가로 방향으로 일렬 배열된 바코드에 비해 QR 코드는 360도 어느 방향에서나 인식될 수 있었고, 일부가 손상되더라도 정보를 읽을 수 있었으며 손상 부위를 복구하는 것도 가능했다.[16]

　1980년대 초반부터 유통 혁신을 위해 산업계에서 도입한 바코드는 다양해지는 상품과 소비자 수요, 복잡한 유통 구조에 대응하기 위해 변화를 요구받았다. 그리고 외국에서 바코드보다 더 많은 정보를 안정적으로 저장, 처리할 수 있는 2차원 바코드가 여럿 개발되었고, 국내에서도 그 필요성이 제기되었다. 이렇게 유통산업의 개선을 위해 도입된 2차원 바코드는 2002년 국가표준으로 지정되면서 산업계 전반에 활용될 수 있는 제도적 기반을 얻었다.

16　노윤미, 앞의 논문; https://www.qrcode.com(2023. 10. 27. 접속).

3. 스마트폰과 만난 QR 코드

국가표준으로 확정된 2차원 바코드는 유통 분야뿐만 아니라 다양한 영역에서 사용되기 시작했다. 서울시 노원구청은 주민발송용 문건에 2차원 바코드를 넣기로 했고, 대구 북구청은 2003년 1월 기초자치단체 중 처음으로 지방세 납부고지서에 QR 코드를 도입했다.[17] KTF는 경희대, 숙명여대 학생들이 학교 홈페이지에서 QR 코드가 인쇄된 신분증을 휴대폰에 내려받아 사용할 수 있는 서비스를 시작했다. 학생들은 QR 코드 학생증으로 도서관에서 책을 빌리거나 출석을 확인하고 성적을 조회할 수 있었다.[18] 2005년 인터넷 예매 포털업체인 '티켓링크'는 모바일 서비스에 익숙해진 대학생들을 주요 대상으로 삼아, 종이 티켓 대신 2차원 바코드가 찍힌 모바일 학생증으로 문화시설을 이용하는 '미래게이트' 시스템을 도입했다.[19] 2007년에는 약국 처방전에 QR 코드를 기재하는 임의 규정이 마련되었다. 이미 일부 의료기관이 여러 가지 2차원 바코드를 처방전에 사용하고 있었는데, QR 코드로 통일한 것이었다. 이는 여러 바코드를 인식해야 하는 약국의 불편함을 덜고 처방전의 위변조를 막으며, 나아가 입력 오류나 약제비 계산 실수 등의 문제를 줄이려는 취지였다.[20]

특히 QR 코드는 일본 여행객을 대상으로 하는 관광 홍보에 적극 활용되었다. 이미 2000년부터 QR 코드 인식 칩이 탑재된 휴대폰을 사용해 온

---

17 「지방세 신고 납부에 2차원 바코드 도입」,《매일경제》, 2003.1.6.

18 「KTF, 경희대-숙명여대에 캠퍼스 모바일 서비스」,《아이뉴스24》, 2003.9.15.

19 「티켓링크, 종이티켓 필요없는 공연장 게이트시스템 도입」,《아이뉴스24》, 2005.2.16.

20 「처방전 바코드 기재, 의약분업 원칙 위배?」,《뉴시스》, 2007.8.2.

일본 여행객들이 한국을 방문할 때 다양한 정보를 쉽게 얻을 수 있도록 지자체에서 QR 코드를 도입했던 것이다. 경상남도는 2009년 6월 국내 처음으로 QR 코드를 활용하여 지역 관광지나 음식점을 소개하는 서비스를 시작했다. 일본 여행객이 QR 코드를 찍어 클릭하면 지자체의 모바일 홈페이지에 연결되어 정보를 제공하는 방식이었다. 이를 위해 경상남도는 창원시, 통영시, 하동군 등 10개 시군부터 일본어 모바일 홈페이지를 개설하도록 했고, 일본의 유명 호텔과 공항, 국내 지자체의 명소에 QR 코드 홍보판을 설치했다.[21] 뒤이어 부산시도 '일본 모바일 부산관광 홈페이지'를 개설하여 일본 여행객이 QR 코드로 접속할 수 있는 서비스를 시작했다.[22]

이처럼 여러 분야에서 2차원 바코드 특히 QR 코드가 활용되었지만, 더욱 많은 사람이 보편적으로 사용하기 위해서는 한 가지 문제가 있었다. 휴대폰에 QR 코드를 인식할 수 있는 칩이나 애플리케이션(이하, '앱'이라 칭함)이 없다면, 그리고 모바일 인터넷 환경이 충분히 구축되어 있지 않다면, 휴대폰으로 QR 코드를 인식하고 그 자리에서 인터넷으로 확인하는 것이 쉽지 않다는 점이었다. 이런 곤란함은 2010년을 전후하여 최신 스마트폰이 대거 보급되고, 그에 발맞추어 무선인터넷 데이터를 쉽게 쓸 수 있는 통신 시장이 형성되면서 해결되었다. 2009년 11월에 국내에 들어온 아이폰은 기존 스마트폰과 달리 터치스크린을 사용하고 PC처럼 다양한

---

21 「'모바일코드'로 경남 관광 홍보」,《연합뉴스》, 2009.6.16;「QR코드 이용한 모바일 일본 관광 마케팅」,《매일경제》, 2009.6.21.
22 「일 관광객 위해 관광안내 휴대전화 서비스」,《동아일보》, 2009.10.9.

앱을 내려받아 설치할 수 있어, 엄청난 관심을 받았다. 소비자뿐 아니라 국내 휴대폰 제조사나 이동통신서비스업체 모두 아이폰의 파장을 주시하면서, 스마트폰이 가져올 모바일 시장의 변화를 주목했다.[23] 앱스토어를 통해 다양한 앱을 설치할 수 있게 되면서 모바일 콘텐츠의 가능성이 부각되었고, 그중 하나로서 QR 코드를 이용한 광고가 주목받았다. 스마트폰이 등장하고 모바일 인터넷 환경이 바뀌면서 QR 코드가 더욱 보편적으로 활용될 수 있는 기술적 토대가 마련된 것이다.

인터넷 쇼핑몰 인터파크는 2010년 1월부터 QR 코드를 통해 특정 상품의 최저가격 정보를 제공하는 '바코드 인식 가격 비교' 서비스를 제공했고, 3월부터는 QR 코드를 활용한 판매 서비스까지 시작했다. 휴대폰 액세서리 상품에 대한 QR 코드를 노출시켜 이를 스마트폰으로 인식하면 상품 정보뿐 아니라 1,000원 할인쿠폰을 발급하는 것이었다.[24] 뷰티업계 아모레퍼시픽의 화장품 브랜드 '라네즈'는 제품을 홍보하기 위해 QR 코드 서비스를 시작했고, 게임업체 윈디소프트는 온라인 실시간 전략게임에 QR 코드를 도입하여 게임 정보를 제공했으며, 서울시는 시정 홍보를 위해 QR 코드를 도입했다.[25]

아이폰의 국내 출시 이후 모바일 광고 및 콘텐츠에 대한 관심이 커지는

23 「아이폰, 이통시장 기본 법칙 뒤흔들까?」,《아이뉴스24》, 2007.6.29; 「'아이폰' 국내 공식 출시」,《YTN》, 2009.11.29.
24 「인터파크, 스마트폰 전용을 QR 코드 서비스 출시」,《아이뉴스24》, 2010.3.11; 「"바코드 · QR코드로 할인쿠폰 받으세요"」,《전자신문》, 2010.3.15.
25 「아모레퍼시픽, 스마트폰 어플 서비스 시작」,《한국경제》, 2010.3.30; 「윈디소프트 'COHO', 게임업체 최초 QR 코드 도입」,《뉴시스》, 2010.5.28; 「문화와 예술이 있는 서울 광장 QR 코드」,《뉴시스》, 2010.5.17.

가운데, 2010년 4월 삼성은 안드로이드폰 '갤럭시A'를 출시하면서 QR 코드 인식이 가능한 앱 '쿠루쿠루'(Qroo Qroo)를 탑재했다.[26] 6월에는 다음커뮤니케이션이 변화된 환경에 맞추어 더욱 진보한 스마트폰용 'Daum' 앱을 선보였다. 여기에는 모바일 음성 검색 및 스마트폰의 카메라 모듈을 활용해서 상품의 QR 코드를 찍어 검색을 할 수 있는 서비스도 포함되었다. 스마트폰 이용자가 'Daum' 앱을 실행한 뒤 코드 검색을 클릭하고 상품의 바코드나 QR 코드를 카메라 사각 프레임에 맞추어 찍으면, 코드가 인식되면서 다음의 쇼핑 검색 서비스인 '쇼핑하우'와 연동되어 상품 정보가 나타나는 방식이었다.[27]

이처럼 2009년 말부터 아이폰, '갤럭시A'와 같은 스마트폰이 대거 보급되고 이에 발맞추어 모바일 인터넷 환경이 만들어지면서, QR 코드는 유통 분야를 중심으로 그리고 일상의 영역에서도 널리 사용되었다. 현대자동차는 신형 아반떼를 홍보하기 위해 전국 주요 대리점과 시내 주요 거점, 영화관, 지하철역 등에 QR 코드가 삽입된 광고물을 설치했고,[28] 인터넷서점 예스24는 아이폰 카메라를 책 뒷면 바코드에 대면 자동으로 도서 정보를 검색하고 구매할 수 있는 서비스를 출시했다.[29]

의료 분야 역시 예외는 아니었다. 2010년 9월 경희대 동서신의학병원은 국내 종합병원으로서는 최초로 QR 코드 서비스를 도입했는데, 양한방

---

26 「삼성 안드로이드폰 '갤럭시A' 출시」, 《연합뉴스》, 2010.4.27.

27 「검색의 진화.. 다음, 음성·바코드 검색 출시」, 《아시아경제》, 2010.6.9.

28 「QR코드로 만나보는 신형 아반테 광고」, 《세계일보》, 2010.7.12; 「스마트폰, 세상과 코드를 맞추다」, 《전자신문》, 2010.7.20.

29 「스마트폰, 세상과 코드를 맞추다」, 《전자신문》, 2010.7.20; 「기업들, 'QR코드'에 빠지다.. 스마트폰 신풍속도」, 《머니투데이》, 2010.8.4.

건강정보와 칼럼 등 다양한 콘텐츠를 QR 코드로 확인할 수 있는 방식이었다. 제약회사 현대약품은 탈모 치료제인 '마이녹실'에 대한 다양한 정보 (사용설명서, 영상, 이미지, CF 등)를 QR 코드로 확인할 수 있는 마케팅을 진행했으며, 함소아제약은 자사의 모든 제품에 대한 정보를 확인하고 할인 쿠폰을 받을 수 있는 QR 코드 서비스를 2011년 가을 시작했다. 서울대암병원은 각종 암 질환에 대한 소개, 치료 및 약물에 대한 정보를 QR 코드로 제공하는 서비스를 실시했고, 식품의약품안전청은 2012년 1월부터 의료기기 제품에 대한 정보를 QR 코드를 통해 제공했다. 심지어 작은 알약 속에 QR 코드를 삽입해 '짝퉁약'을 찾아내는 기술도 개발되었다.[30]

공공분야나 교육 시장에서도 QR 코드를 심심찮게 볼 수 있었다. 포항시는 부정비리 신고를 위한 익명 제보 시스템으로 QR 코드를 활용했다. 신고자가 익명 제보용 QR 코드를 스마트폰 카메라로 찍어 이름이나 비밀번호를 넣지 않고도 바로 신고할 수 있도록 한 것이다. 서울 강남구는 코엑스와 가로수길에 보도블럭을 깔면서 그중 8개에 QR 코드를 부착해, 관광 안내를 받을 수 있는 서비스를 시작했다. 학교 안내문을 QR 코드로 제작한 사례가 알려지는가 하면, 고등학교 참고서 표지에 인쇄된 QR 코드를 찍으면 동영상 강의를 들을 수 있는 사교육 서비스도 등장했다.[31] 이처

---

30 「의료정보 QR코드로 확인하세요」,《세계일보》, 2010.9.1;「마이녹실, QR코드로 탈모인 만나다」,《국민일보》, 2010.9.8;「함소아제약, QR코드 서비스 시작」,《국민일보》, 2011.10.14;「다양한 암정보 제공 '서울대암병원 암정보교육센터' 눈길」,《국민일보》, 2011.11.14;「의료기기 정보, 스마트폰으로 손쉽게 확인하세요」,《국민일보》, 2012.1.13;「알약 속에 QR 코드 삽입해 짝퉁약 잡아낸다」,《동아일보》, 2012.11.23.
31 「공직자 비리 'QR 코드'로 제보」,《동아일보》, 2012.12.6;「강남구, 보도블록 QR 코드 부착 관광지 안내」,《문화일보》, 2013.1.4;「요즘 학교 안내문, "2G는 서러워서 공부도

럼 QR 코드는 제조, 유통, 모바일 콘텐츠, 공공분야 등 다양한 영역에서 활용되면서 '신풍속도'를 만들었다. 한 조사업체의 조사결과에 따르면, 전체 응답자(만 19-44세 성인남녀 1,200명) 중 70%가 바코드 및 QR 코드를 스캔하는 앱을 설치한 경험을 가졌다.[32]

나아가 QR 코드는 금융 분야에서 기존 결제 방식을 대신하는 모바일 결제기술의 하나로도 일상 깊숙이 들어왔다. 스마트폰이 유행하기 시작한 2010년 말 롯데홈쇼핑은 QR 코드를 이용한 결제를 업계 처음으로 도입했다. 롯데홈쇼핑의 카탈로그에 인쇄된 QR 코드를 스마트폰으로 찍으면, 유명 쇼호스트가 상품을 홍보하는 'VOD 영상 플레이'와 '결제' 버튼이 뜨고, 영상을 시청한 후 바로 결제를 할 수 있는 방식이었다. 이때의 결제는 신용카드나 무통장입금으로 진행되었는데, QR 코드를 통해 기존 결제 시스템으로 연결되는 것이었다. 여기서 한발 더 나아가 2013년에는 스마트폰으로 특정 앱을 내려받아 자신의 은행 계좌와 연동시킨 후, 상품을 결제할 때 해당 앱으로 QR 코드를 생성하여 리더기에 인식시키는 모바일 직불 결제 방식이 소개되었다. 신용카드 정보를 입력하거나 무통장입금을 하는 대신 혹은 휴대폰에 모바일 카드를 저장하지 않아도, QR 코드를 활용해 간편하게 결제하는 것이었다.[33]

이동통신사와 모바일 업체, 정부와 지자체, 신용카드사들이 뛰어든 다

못하겠네!」, 《동아일보》, 2013.2.16; 「QR코드 찍으면 문항별 해설, 미래엔 동영상 강의 서비스」, 《동아일보》, 2011.11.20.

32 마크로밀엠브레인, 「2011 QR코드 인지도 및 이용현황 조사」, 리서치보고서, 2011.

33 「롯데홈쇼핑 QR코드 결제시스템 도입」, 《디지털타임스》, 2010.12.1; 「휴대폰 속으로 들어간 카드」, 《세계일보》, 2013.2.8; 「KG 모빌리언스, QR코드 통한 '엠틱' 모바일 결제 서비스 오픈」, 《서울경제》, 2013.2.12.

양한 방식의 모바일 결제시장이 형성되면서 QR 코드는 더욱 적극적으로 활용되었다. 모바일 메신저 업체 카카오는 2014년부터 카카오 앱으로 QR 코드를 인식하면, 이미 연동된 신용카드로 결제되거나 가상계좌에서 출금되는 결제 서비스를 시작했다. 2018년 말에는 BC카드는 앱 '페이북'에서 'QR 결제'를 선택한 뒤 가맹점의 인식기에 인식시키면 결제가 진행되는 서비스를 출시했다. 비슷한 시기 서울시와 한국은행 등은 QR 코드를 이용하여 결제 금액을 입력하면 연동된 계좌에서 자동으로 이체되는 직불결제 서비스를 선보였다. 카카오나 정부, 지자체의 '페이' 서비스는 이용자의 계좌에서 돈이 빠져나가고(직불) 카드사의 QR 결제는 기존 신용 결제 시스템을 이용하는 차이는 있었지만, 모두 QR 코드를 이용한다는 공통점을 지녔다. 이처럼 현금이나 신용카드 실물로 직접 결제하던 과거를 대체하는 모바일 결제시장은 꾸준히 성장했고, 그 핵심기술 중 하나가 QR 코드였다.[34]

4. 팬데믹과 QR 코드

다양한 영역에서 정보를 확인하고 모바일 결제를 하는 데 사용되던 QR 코드는 코로나19 유행과 함께 다소 새로운 방식으로 활용되었는데, '내가

---

34 「카카오, 모바일 신용카드 결제 서비스 9월 시작」,《조선일보》, 2014.7.30;「"모바일 결제 시장 잡아라" 불붙은 'QR코드 전쟁'」,《국민일보》, 2018.10.2.;「금융위, 간편결제 위한 'QR코드 결제 표준' 제정, 공표」,《아시아투데이》, 2018.11.6.

원하는 정보'가 아니라 '나에 대한 정보'를 담는 기술로 부각된 것이다.[35] 물론 예전에도 개인정보가 들어 있는 QR 코드를 인쇄한 모바일 신분증이나 모바일 결제를 위해 자신의 카드/계좌 정보가 담긴 QR 코드를 생성하는 경우가 있었다. 그러나 코로나19의 유행으로 인해, 나를 드러내고 증명하기 위해 일견 강제적으로 QR 코드를 사용하게 된 것이다.

코로나19 초창기에 방역을 돕는 기술로서 QR 코드는 특정 시설을 방문하거나 출입하는 사람의 건강정보 자체를 담았다. 코로나19 확진자가 점차 늘어나던 2020년 3월 신촌 세브란스 병원과 강남 세브란스 병원은 모바일 사전 문진 서비스를 개시했다. 병원 예약 방문객에게 당일 오전 6시쯤 카카오톡이나 문자로 '모바일 사전 문진' 메시지를 발송하면, 환자가 문진표를 작성하는 것이었다. 해외 방문 이력, 확진자가 다수 발생한 곳을 방문했는지 여부, 발열이나 호흡기 증상 여부를 묻는 문진표를 작성하면, 그 정보가 담긴 QR 코드가 만들어졌다. 아무 문제가 없으면 검은색, 혹시 문제가 있으면 붉은색 QR 코드가 생성되고, 병원 출입구에서 이를 확인받아야 했다.[36] 이때 QR 코드는 환자 자신의 건강정보를 담고 있으며, 다른 사람에게 자신을 확인받기 위한 기술이었다. 코로나19 대유행이 낳은 새로운 풍경이었다.

이는 한국만의 모습은 아니었다. 다양한 IT 기술을 이용한 방역 활동이 전 세계적으로 진행되던 즈음, 중국의 저장성, 쓰촨성 주민은 자신의 검

---

35 이환경, 「데이터를 생산하는 포스트휴먼 신체와 디지털 공간성: 코로나19 시기 QR코드 생성 활동에 관한 연구」, 『공간과 사회』 32-1, 2022, 10-49쪽.

36 「안면인식 출입, 모바일 문진.. "접촉 줄여 병원 감염 막는다"」, 《국민일보》, 2020.3.26.

역 정보가 담긴 QR 코드를 휴대폰에 저장했다가 공안이 스캔을 요구할 때마다 응해야 했다. 상하이는 건강 상태에 따라 3등급으로 나눈 QR 코드를 시민들에게 발급하여 대중시설을 이용할 때 확인 받도록 조치했다. '건강신분증'이라고도 불린 이 QR 코드는 건강 상태에 따라 초록(양호), 노랑(주의), 빨강(확진)으로 나타나는데, 여기에는 개인의 진료기록, 위치정보, 통신내역, 결제정보 등이 반영되었다. 러시아는 시민들이 식료품점이나 실내 시설을 이용할 때 개인정보가 담긴 QR 코드를 찍도록 하는 '외출 통제' 방침을 도입하려다가 여론에 밀려 철회했다.[37] 전 세계적으로 방역을 위해 수많은 IT 기술이 활용되었는데, 그중 하나가 개인의 정보를 담은 QR 코드였던 것이다.[38]

우리나라의 경우 2020년 6월 QR 코드를 이용해 동선을 확인하는 방식이 도입되었다. 확진자나 접촉자가 자신의 동선을 거짓으로 진술하여 감염 피해가 확산된다는 우려 때문이었는데, 특히 이태원클럽 방문 이후 확진 판정을 받은 '102번 확진자'처럼, 역학조사에서 자신의 신분이나 동선을 숨기면서 피해가 커진 사례들이 보도되었다. 이런 허위진술이나 방문록 허위작성을 막기 위한 보완책으로 특정 시설 출입시 QR 코드를 활용하는 방안이 거론되었고,[39] 강원도, 서울시 성동구, 인천광역시, 대구광역시 등 일부 지자체에서 QR 코드를 통한 방문자 확인 시스

37 「EU도 휴대폰 추적… 코로나가 불러들인 '빅브러더'」, 《조선일보》, 2020.3.25; 「러시아, 'QR코드로 외출 통제' 철회… 비판 여론 의식했나」, 《국민일보》, 2020.4.6.
38 「당신이 어젯밤 9시 어디 있었는지 다 보인다」, 《조선일보》, 2020.5.8; 「방역과 사생활, 같이 갈 수 있다」, 《경향신문》, 2020.5.9.
39 「코로나19 방역의 적 '거짓말, 비협조, 자가격리 위반'」, 《국민일보》, 2020.5.14.

템을 도입했다.[40]

그리고 6월부터는 중앙정부가 주도하는 전자출입명부 시스템이 도입
되었다. 중앙안전재난대책본부가 네이버 등 QR 코드 앱 운용회사와 협력
하여 구축한 이 시스템은, 특정 시설 출입 전에 개인별로 암호화된 1회용
QR 코드를 발급받아 시설관리자에게 제시하고, 관리자는 별도의 앱으로
이를 스캔하여 저장한다. 이렇게 스캔된 정보는 사용자의 이름과 연락처,
출입시설명과 시간 등 방역에 필요한 개인정보이다. 6월 10일부터 고위험
시설 8개와 지자체가 행정조치를 내린 시설에서는 의무적으로, 박물관이
나 교회 등에서는 자발적으로 전자출입명부 제도가 전국적으로 시행되었
다.[41] 정부의 전자출입명부 시스템 구축과 운영에 네이버, 카카오톡, 이동
통신 3사가 협조하면서, 사실상 거의 전국민이 QR 코드를 접하고 사용할
수 있는 길이 열린 것처럼 보였다.[42]

그렇지만 나의 정보를 QR 코드에 담아 제공하는 전자출입명부 시스템
은 불편과 불만을 낳기도 했다. 스마트폰으로 QR 코드를 발급받는 과정

40 「강원도 지난달 말부터 QR코드 시범 운영 중」,《한국일보》, 2020.5.15;「노래방 등
   NFC 태그, QR코드로 본인 인증」,《경향신문》, 2020.5.17;「"인적사항 허위기재 막자"
   … 인천 코로나 방역 QR코드 시스템 도입」,《한국일보》, 2020.5.18.
41 「클럽, 노래방 등 감염 고위험시설에 6월부터 전자출입명부 시스템 도입」,《경향신
   문》, 2020.5.24;「정부, 클럽 등 유흥시설 'QR코드 출입명부' 내달 시행」,《한겨레》,
   2020.5.24.
42 「네이버, 코로나19 대응 위해 정부와 전자출입명부 협력」,《아시아투데이》,
   2020.6.10;「네이버로 QR코드 만들기… 우측 상단 프로필→QR체크인」,《동아일
   보》, 2020.6.10;「QR코드 출입명부 도입, 카카오만 제외된 이유는」,《천지일보》,
   2020.6.10;「QR코드 출입명부 시행… 네이버는 되고, 카카오는 안되고?」,《세계일보》,
   2020.6.11;「카톡도 전자출입명부용 QR코드 도입.. 일주일만에 입장 선회」,《한겨레》,
   2020.6.18.

에 익숙하지 않은 연령층이나 부모의 인증이 필요한 어린이, 개인정보 노출에 민감한 사람들은 이런 방식을 꺼리기도 했던 것이다. 시범 운영 기간 동안 여전히 많은 사람이 수기명부를 선호했다거나 새로운 방식을 안내하는 것이 쉽지 않았다는 신문보도는 이런 상황을 잘 보여주었다.[43] 그리고 8월부터 거리두기 방역지침을 2단계로 강화하여 음식점과 카페까지 전자출입명부 시스템을 적용하면서, 이를 활용하기 어려운 사람이 실제로 겪는 불이익도 거론되었다. 스마트폰과 QR 코드를 활용한 디지털 방역 체계가 만들어지고 폭넓게 적용되는 가운데, 스마트폰이 없거나 제대로 활용하기 힘든 소위 "자기 증명에 취약한 계층"이 차별을 겪을 수도 있다는 것이었다.[44]

또 다른 불만은 일상생활에서 QR 코드로 수집된 개인정보가 얼마나 잘 보호될지를 둘러싼 것이었다. 이런 불안은 비단 QR 코드를 활용한 시스템에서만 제기된 것은 아니었다. 수기로 명부를 작성할 때도 이름과 전화번호 등 개인정보를 누군가 몰래 촬영하거나 악용하지 않을까 하는 불안은 존재했다. 그러나 전자출입명부 시스템에 이용되는 QR 코드의 양이 기하급수적으로 늘어나는 상황에서, 개인정보 보호에 대한 우려는 계속 제기되었다. 6월 600여만 건, 7월 3,250여만 건, 8월 3,350여만 건, 9월 7,359여만 건 등 4개월 동안 QR 코드 사용량이 1억 4,000만 건에 달했는데, 이를 어떻게 관리, 감독할 것인지에 매뉴얼이 미비하다

---

43 「"QR코드 간편 등록" 젊은층 반색… "익숙치 않아" 중장년 난색」, 《동아일보》, 2020.6.2; 「"찍는 것보다 적는 게 더 익숙… QR코드 대신 방명록 썼어요"」, 《서울신문》, 2020.6.2.

44 「스마트폰 없으면 나가라? 방역 첨단화가 부른 소외」, 《경향신문》, 2020.9.22.

는 지적이었다.[45]

이런 상황에서 전자출입명부를 의무적으로 도입할 필요가 없는 시설이나 이를 활용하기 어려운 경우를 대비하여, 출입 내역이나 동선을 기록하고 확인할 수 있는 다른 방식들(수기명부 작성)이 공존했고 시간이 지나면서 새로운 방법(전화 인증, 문자 체크인 서비스 등)이 추가되었다.[46] QR 코드를 활용한 시스템이 다른 방식에 비해 기술적으로 심각한 한계나 문제를 가진 것은 아니었지만, 디지털 소외, 개인정보 보호 등의 이유로 인해 전자출입명부 시스템이 일률적으로 적용, 정착되지는 못했던 것이다.

출입 기록을 확인하는 것뿐만 아니라 QR 코드는 백신접종을 증명하는데에도 활용되었다. 유럽과 미국에 비해 늦게 백신접종을 시작한 국내에서는 이를 증명하는 여러 가지 방식들이 공존했는데, 앞서 언급한 QR 체크인의 경우와 비슷했다. 정부는 이미 종이증명서를 발급하던 것에 더해 2021년 5월부터 QR 코드로 된 백신접종 증명서를 발급했다. 여기에는 접종자의 이름, 생년월일 등이 포함되었는데, 이를 발급받으려면 스마트폰

---

45 「개인정보 유출 불안… QR코드 사용량 급증에도 매뉴얼 없어」,《서울신문》, 2020.10.7;「방역이냐 보안이냐… 도마 위에 오른 개인정보」,《천지일보》, 2020.10.6;「코로나 QR코드 1억건 사용… 정보유출 우려, 공공기관/민관 9년동안 개인정보 3억건 유출」,《서울신문》, 2020.10.7.

46 「개인정보 유출 우려에… 수기 명부, 이름 빼고 번호, 지역만」,《동아일보》, 2020.9.1;「QR코드, 출입명부 작성 어려울 땐… 6자리 전화번호로 출입명부 작성 대체」,《경향신문》, 2020.11.25;「전화기반 코로나19 출입명부 서비스, 대형쇼핑몰, 종교시설서도 쓴다」,《한겨레》, 2021.1.17;「식당 등서 전화번호 대신 안심번호 쓴다」,《경향신문》, 2021.2.18;「코로나 출입기록, QR코드 대신 문자 메시지로」,《문화일보》, 2021.3.18;「번거로운 앱 실행 없이… 전화로 코로나 출입기록한다」,《경향신문》, 2021.4.19;「방역에 도움 안돼… 수기명부 효용성 가장 떨어져」,《국민일보》, 2021.11.24.

으로 '질병관리청 COOV' 앱을 내려받은 뒤 본인 확인을 거치기만 하면 가능했다.[47] 그렇지만 QR 체크인과 마찬가지로 모바일 앱을 내려받고 접속하여 본인인증을 하고 증명서를 발급받는 과정 자체가 모두에게 똑같이 쉬운 것만은 아니었다. 모바일로 접종을 인증하기 어려운 노령층은 병원이나 보건소, 정부 공공사이트('정부24' 등)에서 발급받은 종이 증명서를 들고 다니거나 이를 촬영한 화면을 보여주며 다중이용시설을 출입했는데, 이를 분실하거나 훼손되는 사례가 종종 보도되었다. 이런 노인들을 위해 당국은 6월 말부터 '접종인증스티커'를 배포하기로 했는데, 행복복지센터에서 백신접종 정보를 적은 스티커를 받아 신분증에 붙이고 다니는 것이었다.[48] 그리고 7월 중순부터는 QR 체크인에 백신접종까지 증명할 수 있도록 통합하는 방식이 도입되었다.[49] 특정 시설을 출입할 때 QR 체크인 외에 수기작성 등 여러 방식이 있었듯이, 백신접종을 증명하는 데에도 다양한 방법이 공존했던 것이다. 이런 공존은 스마트폰과 결합된 QR 코드 방식을 제대로 활용하기 어려운 계층을 위한 것이기도 했다.

이처럼 다른 방식과 공존하던 상황은 QR 코드에 담긴 정보(백신접종 여부)의 사회적 의미를 둘러싼 논쟁을 겪으며 결국 중단되었다. 이미 도입될 당시부터 백신접종 증명이 일상에서 배제와 차별을 낳을 것이라는 걱정이 없었던 것은 아니지만,[50] 그 영향을 받는 사람은 일부였고 백신을 맞

---

47 「백신 접종증명서, 앱이나 종이로 발급」,《동아일보》, 2021.5.27; 「증명서나 QR코드로 접종 확인해줘」,《조선일보》, 2021.5.27.
48 「모바일 접종 인증할 줄 몰라, 종이증명서 들고다녀」,《조선일보》, 2021.6.16.
49 「QR출입증으로 백신접종 인증⋯ 12일부터」,《경향신문》, 2021.7.8; 「통신3사, 카카오, 네이버 QR로 백신접종 확인 가능해진다」,《서울신문》, 2021.7.8.
50 「코로나 '백신 여권' 사회적 불평등 유발⋯ 자칫 차별 도구화 우려」,《국민일보》,

지 않고도 일상생활이 불가능하다거나 아주 불편하지는 않았다. 그렇지만 2021년 12월 방역패스가 시행되면서 백신접종자와 미접종자가 누릴 수 있는 일상의 격차가 더욱 커졌고, 백신접종을 증명하는 QR 코드도 그런 논란에서 벗어날 수는 없었다. 특히나 백신을 맞지 않은 청소년의 학원, 독서실 이용을 제한하겠다는 질병관리청의 발표는 '학습권 침해'라는 심각한 차별로 이해되었다. 학부모 단체를 중심으로 백신접종 증명에 대한 반대 목소리가 터져 나왔고, 2021년 12월 질병관리청의 방침에 대한 행정소송과 헌법소원이 제기되었다. 그리고 2022년 1월 4일 서울행정법원 제8부가 학원, 독서실, 스터디카페에 대한 방역패스 집행정지를 결정함에 따라, 암묵적이지만 '강제적인' 백신접종 증명은 그 힘을 잃게 되었다.[51] 2월에 접어들어 코로나19 돌파감염이 잇따르고 확진자 및 밀접접촉자에 대한 추적, 격리가 느슨해지면서 출입명부 확인과 백신접종 증명은 사실상 유명무실해졌다.[52]

5. 결론

유통업계의 경영 혁신을 위해 바코드에 이어 도입된 QR 코드는 국가표

2021.4.20; 「6월부터 백신 1차 접종자 직계가족 모임 인원 기준서 제외」,《한겨레》, 2021.5.26; 「코로나19 백신접종 후 달라지는 일상은」,《경향신문》, 2021.5.26.

51 「번져가는 방역패스 반대론」,《한국일보》, 2022.1.5.

52 「정은경, '출입명부용 QR코드, 안심콜 잠정중단 검토」,《중앙일보》, 2022.2.15; 「유명무실 QR코드 확인 '아웃'」,《경향신문》, 2022.2.15; 「코로나 이틀째 10만명대, 음식점 'QR 확인' 중단」,《경향신문》, 2022.2.18.

준으로 지정된 직후 산업계뿐 아니라 일상 깊숙이 파고들었다. 유통 현장의 생산-판매-소비 과정에서 상품 정보를 과거보다 다양하고 빠르게 확인하는 데 기여했을 뿐만 아니라, 애초 예상하기 어려웠던 수많은 영역에서 QR 코드는 널리 활용되었다. 이 배경에는 스마트폰의 대중적 보급과 모바일 데이터를 활용할 수 있는 무선인터넷 환경의 구축이 있었다. 새로운 스마트폰과 이에 조응한 무선인터넷 환경은 모바일 시장이 형성되는 계기를 마련했고, 그 가운데 QR 코드는 오프라인과 비교할 수 없을 정도로 정보를 제공하는 기술, 그리고 모바일 결제의 핵심적인 기술 중 하나로 자리 잡았다. 유통 현장을 넘어 일상으로 QR 코드가 파고든 데에는 그 자체의 장점뿐 아니라, QR 코드를 둘러싼 또 다른 기술(스마트폰, 무선인터넷, 모바일 결제기술 등)과의 얽힘이 중요했던 것이다.

하지만 코로나19 대유행과 함께 QR 코드는 이전과 다른 모습으로 일상에 들어왔다. 원할 때 이용하고 원하지 않을 때는 외면해도 되는 기술인 QR 코드가, 전염병의 시대에는 원하지 않아도 사용할 수밖에 없는 기술로 다가왔다. 나의 개인정보를 QR 코드에 담아 제공해야만 그나마 원하는 일상을 누릴 수 있었기에, QR 코드는 일견 강제적인 기술로 인식되었다. 게다가 굳이 QR 코드를 대신할 여러 방법(수기명부 작성, 안심전화번호, 문자메시지 체크인, 종이증명서, 접종증명스티커 등)이 존재했기에, QR 코드는 원하던 때와 장소에서 이용하던 과거와는 다른 이미지를 부여받았다. 심지어 백신접종이 반강제적으로 요구되고(방역패스) 이를 거부하면 명백한 불이익을 받을 것처럼 여겨지며 찬반 논란이 치열하던 상황에서, 이런 백신접종을 증명하는 기술로서 QR 코드는 모바일 세상의 편리함을 제공하는 예전 이미지와는 달랐다. 하물며 그 QR 코드에 내가 원하는 타자의 정보가 아니라 나의 정보를 담아야 한다면, 그리고 그 정보가 어떻게 보호될지 일말의 의구심이라도 든다면, 더욱 그러했을 것이다. 전염병의 시대 QR 코드는 유통 혁신을 이끌고 스마트폰과 무선인터넷 환경의 중심이었던 과거와는 다른 모습의 기술이었다.

포스트휴먼의 조건으로
바라본 한의학의 가능성*

김현구

세명대학교 한의과대학 원전의사학교실 조교수

---

* 이 글은 「포스트휴먼의 조건과 한의학의 가능성」(『오토피아』 38(1), 2023.6.)을 바탕으로 수정 · 보완한 것이다.

1. 서론

인간이란 무엇인가? 인간은 어디에서 왔으며 어디로 가는가? 이러한 질문들은 수많은 사상가, 예술가, 그리고 과학자들에 의해 오랜 시간 동안 탐구되어 왔다. 오늘날 화두로 떠오른 '포스트휴먼'도 이러한 사유 과정의 연장선에 있다고 할 수 있다.[1] 인공지능(AI)과 유전자재조합기술의 급

---

1 김환석(2022:82)은 포스트휴머니즘(posthumanism)이란 용어는 서로 다르거나 가끔은 경합하는 의미들을 지니고 출현한다고 지적한다. Smart와 Smart(2017:4)는 서로 다른 포스트휴머니즘의 경향들을 포스트휴먼-이즘(posthuman-ism)과 포스트-휴머니즘(post-humanism)의 차이로 구분한다. 전자는 주로 과학기술의 발달로 향상된 능력을 가진 인간 이후의 존재를 의미하며, 후자는 서구의 인간중심주의 세계관을 비판하며 이를 극복하기 위해 인간 너머의 인간을 사유할 것을 요청하는 흐름이라고 설명한다. 한편 대표적인 포스트휴머니즘 철학자인 로지 브라이도티는 포스트휴먼 사유의 흐름을 세 갈래로 분류한다. 첫째는 도덕철학에서 출발한 반동적 포스트휴먼 사유이고, 둘째는 간학제적 기술과학 연구에서 출발한 분석적 포스트휴먼 사유이며, 셋째는 비판적 포스트휴먼 사유이다. 반동적 포스트휴머니즘은 민주주의와 자유와 인간 존엄성에 대한 존중을 보장하는 근대 휴머니즘을 철저히 옹호하는 입장으로 첨단 기술의 발전이 야기하는 전 지구적 문제들을 인정하지만, 이를 해결하기 위해 고전적 휴머니즘의 이상과 진보적 자유주의 정치학을 재주장한다. 분석적 포스트휴머니즘은 현대 과학과 기술로 인해 나타나는 포스트휴먼적 현상이 어떤 인식론적, 정치적 함의를 갖는지, 또 어떤 새로운 형식을 갖는 주체들이 탄생하는지 추적하면서 분석하는 사유다. 비판적

격한 발전으로 기존의 근대주의적 개인으로서의 인간의 정체성 및 경계가 흐려지고 있고, 코로나19와 같은 팬데믹의 출현과 기후변화 같은 인류가 초래한 전 지구적인 문제에 봉착하면서, 인간과 자연과의 관계, 인간과 비인간의 관계에 대한 재성찰의 필요가 커지고 있다. 포스트휴먼 담론의 등장 배경은 크게 두 가지로 볼 수 있다. 하나는 포스트모더니즘 및 포스트구조주의의 등장으로 서구의 전통적 휴머니즘과 인간 주체에 대한 비판과 해체가 진행되면서 새로운 주체성의 모색이 필요하게 된 상황이고, 다른 하나는 첨단 과학기술이 구체적인 인간 삶 속으로 침투하면서 형성된 새로운 주체에 대한 설명이 필요해진 상황이다.[2] 오늘날 한국에서 살아가는 시민이라면 인공지능이나 유전자기술로 인해 삶이 크게 바뀔 수 있음을 -그것이 장밋빛의 희망찬 미래이든 잿빛 가득한 암울한 미래이든 -설파하는 뉴스기사, 광고 등을 어렵지 않게 접할 수 있다. 한편으로는 이상기온, 미세먼지, 황사 등 예전과 다른 '기후위기'의 징조들이 우리 주위에서 불편한 일상으로 자리 잡아 가고 있는 모습도 볼 수 있다. 포스트휴먼은 어떤 경우이건 '인간 너머의 인간'을 사유해야 한다는 측면에서 이 양쪽을 배회하고 있다.

본격적인 논의에 앞서서 짚고 넘어가야 할 것은, 포스트휴머니즘이 대두되기 이전에도 이미 많은 '포스트-' 담론들이 있었다는 사실이다. 포스

포스트휴머니즘은 포스트구조주의, 반보편주의적 페미니즘, 포스트식민주의 등에 뿌리를 둔 흐름으로 단일성에서 유목성으로 전환된 주체, 개인주의를 거부하면서도 상대주의나 허무주의적 패배주의에 빠지지 않는 주체, 차이들을 가로지르고 내적으로도 구별되지만 그러면서도 여전히 현실에 근거를 두고 책임을 지는 주체를 새롭게 전망하려는 노력이라고 규정한다. (이경란 2017:24-32)

2   김은주 외, 『디지털 포스트휴먼의 조건』, 갈무리, 2021, 19쪽.

트모더니즘(postmodernism), 포스트식민주의(postcolonialism) 등이 대표적으로, 포스트휴머니즘 논의에 회의적인 이들은 포스트휴머니즘과 기존 개념들과의 차이가 무엇인지, 포스트휴머니즘 논의도 '포스트-' 개념들의 아류로서 하나의 유행에 불과한 것은 아닌지 묻기도 한다. 이에 대해 포스트휴머니즘 논의자들이 답할 수 있는 것은 이전의 경계적 사유들 -포스트모더니즘, 포스트식민주의, 포스트구조주의, 포스트산업주의 등 -대부분도 결국 인간만을 주체성을 가진 행위자로 삼는데 머물렀다는 것이다. 포스트휴머니즘이 이전의 사유들과 구별되는 지점이 바로 이것이다. 즉, 동물과 그 밖의 생물, 기계, 물질 등 비인간존재들의 주체성과 행위성을 인정하자는 것이다. 또한 포스트모더니즘의 사유가 해체와 전복에 초점이 맞춰져 있는 반면에 포스트휴먼은 보다 명확한 대안을 제시하고 있다는 측면도 있다.

신상규(2014:4)는 그의 책 『호모 사피엔스의 미래: 포스트휴먼과 트랜스휴머니즘』 서두에서 흥미로운 일화를 소개한다. 트랜스휴머니즘의 대표적 학자 중 한 사람인 제임스 휴즈(James Hughes)가 한국을 비롯한 동아시아 지역에서 학술 담론으로서의 트랜스휴머니즘 논의가 많지 않은 이유를 나름대로 분석하였다고 한다. 트랜스휴머니즘과 관련된 가장 중요한 쟁점은 인간의 변형이나 '향상'을 위한 첨단 과학기술의 활용을 어떻게 평가할 것인가의 문제인데, 많은 한국 사람들은 이미 트랜스휴머니스트이므로 별도로 입장을 딱히 정할 필요가 없기 때문이라는 것이다. 이 글은 이러한 분석에 대해 다음과 같이 세 가지로 비판적인 입장을 취한다.

첫 번째는 '트랜스휴먼'의 상태를 어떻게 규정할 것인가의 문제이다. 서구에서 주로 논의되고 있는 것처럼 트랜스휴머니즘이 첨단 과학기술을 인간 향상을 위해 적극적으로 활용하자는 입장이라면 한국인들이 과학기술을 향상을 위해 거리낌없이 사용하고 있다는 뜻인지, 아니면 조지 드보르스키(George Dvorsky)가 이야기한 것처럼 과학기술의 하드웨어적인 측면과 대비되어 동아시아의 전통적인 사상에 이미 '향상'에 대한 요소들이 있어서 소프트웨어적인 측면에서 한국인이 이미 트랜스휴머니스트인 것인지 확인이 필요하다.[3]

두 번째로는 '트랜스휴먼'의 지향점이 무엇인지에 대한 문제이다. 페란도(2021:77)는 "트랜스휴머니즘은 계몽, 민주주의와 인간주의와의 연속성을 받아들였다"라는 제임스 휴즈의 「트랜스휴머니즘 선언」(Transhumanist Declaration)을 인용하며 트랜스휴머니즘은 18세기 유럽 계몽시대 철학 전통에 뿌리를 두고 있으며, 이러한 인본주의 기획의 확장을 목표로 한다고 분석한다. 이 분석을 수용한다면 오늘날 한국인들이 트랜스휴머니즘에 담지된 서구의 인본주의 기획과 미래에 대한 상상력을 완전히 체현하였는지, 그리고 한국인들에게 체현된 과학기술에 대한 담론과 상상력이 동시대 서구인들과 동일하다고 할 수 있는지는 쉽게 납득하기 어렵다.

이상과 같은 두 개의 비판적 질문들은 자연스럽게 트랜스휴먼의 '휴먼'은 무엇인지, '휴먼'을 서구의 휴먼 하나로만 정의할 수 있는지의 세 번째 질문으로 이어진다. 서구적 인본주의에 기반한 인간 개념이 한국을 비롯한 동아시아 사회에서 이야기하는 인간과 같다고 할 수 있을까? 동아시아에서의 수행, 수양, 혹은 치유 과정 등을 트랜스휴머니즘에서 이야기하는 인간 향상과 등치시키는 것은 동아시아의 전통적 사유, 혹은 존재론을 서

---

3   이상헌, 「포스트휴먼시대의 불교는?」, 《불광미디어》, 2021.4.6.

구의 개인적 인간 담론으로 포섭시키고 환원시키는 결과를 초래할 위험이 있다. 이러한 위험을 방지하기 위해서는 서구 중심적, 서구 우위적 사유에서 벗어나 상황을 살펴볼 필요가 있다.

이러한 맥락에서 이 글은 포스트휴먼의 조건들을 인류학의 관점에서 바라볼 것을 제안한다. 첫 번째 이유로, 인류학은 일찍이 타자로서의 비서구에 대한 이해를 위해 시작되었으며, 서구와 비서구, 연구 주체와 연구 대상 간의 관계에 대해 성찰적 고민을 해 온 대표적인 학문 분야이기 때문이다. 차은정(2020:305-6)은 최근 인류학계의 '존재론적 전회(ontological turn)'라는 이론적 경향을 소개하면서 인류학계 내에서 서구와 비서구, '우리'와 '그들', 과학과 비과학, 문명과 야만, 인간과 비인간 등의 비대칭성을 진단하고, 그 사이의 대칭성을 이루려는 시도들이 있다고 지적하였다. 이와 같은 인류학에서의 고민은 포스트휴머니즘 논의의 서구 중심성을 극복하고 보완하는 역할을 할 수 있다. 두 번째로는 인류학에서 쓰고 있는 민족지 또는 에스노그라피(ethnography) 기술 방법이 인간뿐 아니라 해당 부족, 문화, 사회 등 연구 단위 안의 다양한 사물들을 구성체, 행위체로 간주할 수 있는 가능성이 있기 때문이다. 이것은 포스트휴머니즘에서 논의하는 인간 너머의 존재, 비인간의 행위성을 포착하고 탐구하는 데 유용한 방법론으로 사용될 수 있다.

이 글의 후반부에서는 인류학적 관점으로 본 포스트휴먼의 논의를 한의학에 적용하여 한의학의 존재론에 있는 포스트휴먼적 요소들을 살펴보고자 한다. 한의학은 비서구적이고 비근대적인 속성을 갖고 있다는 측면에서 오늘날의 과학기술과 대비시켜 살펴볼 만한 흥미로운 소재가 될 수 있다. 서구와 비서구, 그리고 근대와 비근대 사이의 위계와 비대칭성을 제거하고 한의학의 존재론을 바라본다면 포스트휴머니즘 논의와 결부될 수 있는 흥미로운 사례와 논점들을 찾아낼 수 있을 것이다.

2. 인류학의 관점으로 포스트휴먼 사유하기

포스트휴먼에 대해서는 이미 문학, 철학, 사학 등 다양한 학제에서 많은 논의가 있어 왔다. 포스트휴머니즘과 관련하여 활발히 활동하는 철학자 프란체스카 페란도(2021:55)는 포스트휴머니즘에 대한 존재-인식론적 접근이자 윤리학적 접근으로서 '철학적 포스트휴머니즘'이라는 용어를 제시한다. 그가 제안하는 철학적 포스트휴머니즘은 대립적인 이원론과 위계적인 관념에서 해방될 것을 요구하는 철학으로, 탈-인간주의, 탈-인류중심주의 그리고 탈-이원론을 그 핵심으로 삼는다. 여기서 탈-인간주의는 인간 경험의 다수성에 대한 이해를 함축하고 있다. 인간에 대한 이해는 하나가 아니라 다양한 복수의 존재로서인 인간(들)으로 파악된다는 것이다. 즉 이것은 인간에 대한 일반화되고 보편화된 서구중심적 인간주의 전통을 약화시킨다. 두 번째로 탈-인류중심주의는 비인간과의 관계에서 인간의 탈중심화를 의미한다. 즉, 인간종이 다른 종에 비해 우월한 지위와 존재론적 특권을 갖고 있음을 당연시 해왔다는 것을 인식하고 그것으로부터 벗어나려고 하는 것이다. 마지막으로 탈-이원론은 닫힌 자아 개념에 기반해 형성된 우리/그들, 문명/야만, 정신/육체, 문화(혹은 사회)/자연 등의 상징적 이분법을 자각하고 이에 의문을 제기하는 것이다 (페란도 2021:120-121).

서론에서 살펴본 것처럼, 본 논문은 인류학이 비서구를 대칭적 및 성찰적으로 탐구하고 서구-비서구 등의 이분법을 비판적으로 인식한다는 측면에서 페란도가 이야기한 철학적 포스트휴머니즘의 기획을 성공적으로 수행할 수 있는 학제로 보고, 인류학의 관점에서 본 포스트휴먼 논의를 전개하고자 한다.[4] 일반적으로 인류학(anthropology)은 인간이란 무엇인지, 인간이 오늘날의 세계에 어떤 식으로 다양하게 변형되어 존재하는지 연구하는 학문으로 알려져 있다(Smart and Smart 2017:1). 인류학은 "인류가 존재해 온 모든 시대와 장소 속의 인간을 대상으로 인간됨의 다양한 방식과 그 범위에 대해 연구하는 학제"라고 할 수 있다(ibid:6).

인류학의 가장 큰 방법론적 특징 중 하나는 민족지적 연구이다. 민족지(ethnography; 民族誌)[5]는 '민족 또는 특정한 인간 집단의 삶을 생생하게 그대로 묘사한 글'을 가리키기 위한 용어로 처음 등장하였다.[6] 인류학은 서구 사회에서 비서구 세계의 민족과 문화를 탐구하기 시작한 것에 그 기원을 두고 있으며, 19세기 후반부터 근대 사회과학의 분과학문들이 정립되기 시작하면서 체계화되었다. 당시 비서구 사회의 상당 부분은 문자가 없

4　인류학의 시각으로 포스트휴머니즘을 개괄적으로 바라보고자 한 단행본 수준의 저작으로는 Alan Smart와 Josephine Smart가 공저한 『Posthumanism: Anthropological Insights』(2017, Toronto University Press) 정도가 있다. 국내에는 Smart와 Smart의 저서처럼 인류학 관점에서 포스트휴머니즘을 개괄적으로 다루는 연구서적은 아직 찾아보기 힘든 실정이다.

5　'ethnography'에 대한 번역어로 민속지(民俗誌)나 문화기술지(文化技術誌)로 사용하자는 의견도 있다. 한편으로는 이 모든 번역어들이 부분적으로 문제가 있다고 하면서 '에스노그라피'라고 부르자는 의견도 있다. 이에 대한 자세한 내용은 이용숙 외, 2013, 16-17쪽 참조.

6　이용숙 외, 『인류학 민족지 연구 어떻게 할 것인가』, 서울: 일조각, 2013, 13쪽.

는 곳도 있었고, 아직 외부 학자들에게 연구 대상이 된 적도 없었다. 그래서 초창기의 인류학자들은 직접 '현지'라고 불리는 해당 비서구 사회에 들어가서 그곳의 언어를 배우고, 그들과 같이 생활하면서 현지의 관습과 문화, 사회제도 등을 연구하였다. 그런 과정에서 인류학자들은 자신이 관찰하고 체험한 낯선 민족의 생활양식을 최대한 자세하고 생생하게 묘사하였다.[7] 이러한 조사 방법 및 기술의 방식은 문자로만 파악할 수 있는 영역을 넘어 가축이나 도구 등과 같은 비-인간적인 요소들도 조사 대상으로 삼는 등 문자로 기술된 자료들만 살피는 것보다 총체적인 관점을 가질 수 있는 여지가 있다.

한편 인류학에도 때로는 상충하기도 하는 다양한 경향이 있음을 부인하기 어렵다. 20세기 전반부까지 초창기 인류학은 대개 특정 현지에 있는 다수의 종(multiple species)의 행위자들에 관심을 가졌지만, 1970년대 들어 포스트모더니즘의 영향으로 클리포드 기어츠와 같이 텍스트와 상징적 의미에 관심을 갖는 해석적 인류학이 새롭게 대두되면서 의미를 해석할 수 있는 인간(만)이 주된 행위자로서의 권위를 갖게 되었다(Smart and Smart 2017:50-52). 본 논문에서는 스마트와 스마트(Smart and Smart 2017)의 논의와 결을 같이 하여 해석적 인류학과 차별화되어 2000년대 이후 나타난 서구와 비서구, 인간과 비인간 등의 비대칭성을 극복하고자 나타난 이른바 '존재론적 전회(ontological turn)' 흐름에 있는 인류학의 경향을 주로 논하기로 한다.

---

7   같은 책, 14쪽.

1) 인간을 넘어서서 비인간과 함께 사유하기

인류학의 관점으로 보는 포스트휴먼의 조건은 무엇이 될 수 있을까? 결론부터 이야기하자면 인류학의 관점에서의 포스트휴먼은 기존 서구중심적 인간의 경계를 넘어서 다양한 비인간존재들과 관계 맺고 있는 존재이다. 여기서 비인간존재는 동물이나 미생물이 될 수도, 무생물인 기계가 될 수도, 아니면 바람과 비 같은 것들이 될 수도 있다. 그렇다면 이것들이 서로 어떻게 관계 맺고 있다고 할 수 있을까? 앞으로 소개할 연구들을 통해서 그 사례들을 살펴보도록 하자.

먼저 브뤼노 라투르(1993; 2005)는 과학연구가 이루어지는 실험실에서 인류학적 현지 조사를 시행하면서, 과학자들의 반복적인 일상을 관찰하여 과학적 사실의 구성 과정을 탐구한 바 있다.[8] 그는 인간과 비인간, 자연과 사회의 이원론을 넘어서는 행위자-연결망 이론(Actor-Network Theory; 이하 ANT)을 주창했다. 그는 인간으로 이루어진 '사회'를 연구한다고 하는 오늘날의 '사회학(sociology)'이 인간만을 행위자로 삼는다고 비판하면서 기존 사회학의 연구 범위를 넘어서 사물[9]의 형성과 행위를 가능하게 하는 상호작용의 관계망에 집중함으로써 인간과 비인간의 결합체(associations)를 연구하는 학문으로 탈바꿈할 것을 주창했다.[10] 인본주의적 관점에서는

---

8   라투르, 브뤼노 · 스티브 울거, 『실험실 생활: 과학적 사실의 구성』, 이상원 역, 서울: 한울아카데미 2019.

9   Smart & Smart (2017:23)에는 'thing'이라고 나온 것을 사물(事物)로 번역하였다. 여기서 사물은 사건(事件)과 물건(物件)의 마주침으로 나타나는 무엇, 실체가 있는 일종의 '것들'이라고 할 수 있다.

10 Bruno Latour, *Reassembling the Social*, Oxford and New York: Oxford University

오직 인간만 사물을 특정 방향으로 변화시킬 수 있는 의도를 가진 행위자이지만, ANT에 따르면 행위소(actant)는 행위 또는 일련의 사건들에서 차이를 만들어내는 인간 또는 비인간, 생물 또는 무생물인 독립체까지도 포함한다. 라투르는 그의 책 『우리는 결코 근대인이었던 적이 없다』(2009)에서 '근대'라는 기획은 서구에서 인본주의와 어느 정도 비슷한 역사적 전개 과정과 특징을 가지며, 이것은 인간과 비인간, 문화와 자연 사이를 확연하게 경계 지음으로써 근대 과학과 자본주의 경제 방식(혹은 근대적 사회 헌법)의 발생을 낳았다고 분석하였다. ANT에 따르면 예술과 과학 활동 같은 인간의 활동들은 인간이 아닌 '자연적' 독립체들과 결부되면서 하이브리드를 형성하고, 이 하이브리드들은 인간과 비인간 또는 문화와 자연의 경계를 넘나드는 존재가 된다. 예를 들어 예방 접종과 같이 체내의 항체 형성을 위해 불활성화된 병원체를 주사하는 과정은 '병원체'라는 자연물과 '질병 예방 행위'라고 하는 문화가 만나 생겨난 하이브리드라고 할 수 있다.

캐나다의 인류학자 에두아르도 콘(2019)[11]은 ANT처럼 행위성을 비인간에게까지 확대하는 것을 지지하면서도 ANT에 비해 비인간 생명체가 갖고 있는 '자기(selves)'의 속성에 좀 더 주목한다. 그는 아마존의 다양한 생명체들이 저마다 '자기(self)'로서 비언어적 기호를 해석하고, 이러한 기호들의 연쇄과정으로 이루어진 '자기들의 생태계(ecology of selves)'를 구성

Press, 2015.; Alan Smart and Josephine Smart, *Posthumanism: Anthropological Insights*, Toronto: University of Toronto Press, 2017, p.23.

11   콘, 에두아르도, 『숲은 생각한다』, 차은정 역, 고양: 사월의책, 2019.

하고 있다고 보았다. 이를테면 아마존의 대벌레는 주변 식물과 구별되지 않을 정도로 강한 보호색을 띠는데, 콘은 도상(icon)이 닮음의 기호이듯이 대벌레의 보호색 또한 일종의 도상이라고 주장한다. 또 아마존의 흰털원 숭이는 자신이 올라앉은 나무의 흔들림을 곧 일어날 수 있는 위험의 신호로 해석하는데, 이때 나무의 흔들림은 원숭이에게 위험을 가리키는 지표(index)로 표상된다는 것이다. 이렇게 대벌레, 흰털원숭이와 같은 존재들도 모두 기호의 해석자이며 이들의 생명 활동은 단순한 생의학 기반의 생리 작용으로 환원될 수 없다. 콘에 따르면 이들, 곧 자기들의 생태계는 기호의 연쇄 과정이며 이 과정에 참여하지 않으면 생명 활동을 이어갈 수 없다.[12]

대표적인 과학사회학자 중 한 명인 앤드류 피커링(Andrew Pickering)(1995)[13]은 과학을 인간과 물질 행위자가 함께 수행(performance)함으로써 이루어지는 것으로 보았다. 즉, 과학자들은 그들이 기구나 기계를 통해 다루고자 하는 물질적 행위자 세계에 있는 인간 행위자들인 것이다. 예를 들어 의학적 혁신으로 항생제가 발명돼서 특정 질병이 정복되는 것 같지만 항생제 내성을 가진 박테리아가 출현함으로써 새로운 전염병이 발생하는 과정도 과학자, 의학자들이 질병을 일방적으로 분석하고 정복하는 것이 아닌 인간과 박테리아 양자가 서로 얽혀서 수행되는 과정이라고 볼수 있다. 여기서 중요한 것은 아는 주체(과학자)와 물질 객체 간에 위계가

---

12 차은정, 「〈21세기 사상의 최전선〉Q: 생명은 어떻게 사고하는가?」, 《문화일보》, 2020.2.25.

13 Andrew Pickering, *The Mangle of Practice*, Chicago:University of Chicago Press, 1995.

있다고 볼 것이 아니라 대칭적 관계에 있다고 보는 것이다. 이런 관점에서 볼 때 인간과 물질 행위자는 상호적으로, 또 창발적으로 얽히게 된다.

지금까지 살펴보았듯이 라투르, 콘, 피커링의 이론들은 비인간도 행위성을 가진 존재로 간주한다는 면에서 포스트휴머니스트적이고 비–인간 중심주의적이다. 이러한 이론적 접근들은 공통적으로 '행위자'를 영속적이거나 단단한 것으로 보지 않고, 유동적인 연결망 안에서 사물로 형성되는 것으로 간주한다. 이렇게 형성된 네트워크들은 비인간 사물이 행위자로 역할하는 것을 결정하는 데 도움을 준다.

2) 이분법을 넘어선 인간과 동물, 그리고 다자연주의

'인간이란 무엇인가'라는 질문에 내재한 속성 중 하나는 '인간이란 동물에 비해서 무엇인가'라고 할 수 있다. 생물학적으로 인간은 동물에 속하지만, 동시에 인간은 도덕 등과 같이 동물과는 다른 무엇을 가진 존재로 여겨져 왔다. 예를 들어 인간을 '도구를 사용하는 동물', '도구를 만드는 동물' 혹은 '생각하는 동물'로 명명하면서, 인간을 동물 세계 혹은 자연 세계에서 유일성과 우월성을 가진 존재로 보는 흐름이 지속하여 왔다. 하지만 최근에는 '동물'의 범주가 단순히 동물학적인 구분뿐 아니라 동물의 권리 및 생명 자체를 박탈할 수 있는 권위를 인간에게 부여하는 정치적인 기획에 근거하고 있다는 비판이 제기되고 있다[14] (Smart and Smart 2017:45).

---

14   로지 브라이도티, 『포스트휴먼』, 이경란 역, 서울: 아카넷, 2015.; Cary Wolfe, *What Is Posthumanism?*, Minneapolis: University of Minnesota Press, 2010.

동물과 인간을 보는 서구 사상의 중심에는 역설이 존재한다. 즉, 인간은 생물학적 의미에서는 동물이고, 동시에 동물성은 인간성과는 대척점에 놓인다는 것이다(Smart and Smart 2017:46). 이 역설에 대한 적절한 대답은 여기서 '인간성' 혹은 인간임을 증명하는 속성은 '호모 사피엔스'에서 보이는 것과 같은 생물학적 분류에 해당하는 것이고, 반면에 인간적임을 나타내는 다른 측면은 인간의 개성과 같은 도덕적 측면을 가리킨다고 보는 것이다. 잉골드(1994:23)[15]는 이 대답의 전제가 곧 인간종의 구성원만 개성을 가진 존재가 될 수 있다고 보는 것이라고 지적한다. 하지만, 이러한 입장은 오늘날 동물의 권리를 주장하는 운동가들에 의해 정치·문화적, 법적인 도전을 받고 있다. 이러한 서구 사상의 입장은 사실 비서구 사회를 연구한 인류학자들의 관점에서는 비판받을 수 있다. 예를 들어 수렵 생활을 하는 아마존 원주민들의 경우는 동물을 인간과 같이 개성을 가진 존재로 간주하기 때문이다.[16] [17]

이렇게 사회마다, 혹은 문화마다 다른 방식이 존재하고 이것들을 존중해야 한다는 의견을 인류학에서는 '문화상대주의'라고 불러왔다. 문화상대주의는 서로 다른 문화권들의 다른 삶의 방식들을 옳고 그름으로 판단하기보다는 다른 세계관과 가치들을 갖고 있다고 보고 존중하는 차원에

15 Tim Ingold, "Humanity and Animality." Tim Ingold, ed. *Companion Encyclopedia of Anthropology: Humanity, Culture and Social Life*, New York: Routledge, 1994, pp.14-32.

16 de Castro, Eduardo Viveiros, "Cosmological Deixis and Amerindian Perspectivism". *Journal of the Royal Anthropological Institute* 4-3, 1998.

17 Philippe Descola, *Beyond Nature and Culture*, Chicago: University of Chicago Press, 2013.

서 연구에 임하는 인류학자들의 입장을 대변해 왔다. 외부의 가치 기준을 갖고 다른 문화를 연구하면 편견과 왜곡을 불러올 수 있다는 것이다. 따라서 수렵 사회에서 수렵인을 연구할 때나 근대 자본주의 사회에서 은행원을 연구할 때나 각각 그 행위들이 일어나는 사회적 맥락을 고려해야 한다는 이러한 입장은 초기 인류학에서 중시한 고전적 전체론과 매우 밀접하게 관련되었다(Smart and Smart 2017:46).

하지만 이러한 문화상대주의의 입장에 대해 인류학계 안에서도 비판이 대두된다. 문화상대주의가 인류학 연구를 할 때 유용한 전략이 될 수 있지만, 자연 세계를 이해하는 방식 자체에는 근본적으로 도전하지 않는다는 것이다. 다시 말하면, '자연'이라는 실재는 각각의 문화들을 초월해서 같은 하나의 것이고, 단지 문화적으로 인간이 이해하는 방식만 다르다는 것이다. 이것을 인류학에서는 '다문화주의(multiculturalism)'라고 이야기한다. 다문화주의는 '자연' 혹은 '세계'라는 실재는 하나이지만 서로 다른 문화권에서 다른 방식으로 재현된다고 본다. 공동의 세계 속에서 사는 다양한 문화권의 사람들이라는 이미지가 바로 그것이다.[18] 하지만 오늘날 적지 않은 인류학자들은 다문화주의에서 더 나아가 지역의 행위자들이 다른 세계들'을 살고 경험한다고 주장한다(ibid:46).

다문화주의에 대한 비판 및 대안으로 등장하게 된 개념이 바로 다자연주의(multinaturalism)이다. 인류학자 에두아르도 비베이로스 지 까스뜨루는 아마존 원주민의 생활 방식을 연구하면서 그들은 인간과 동물이 정

---

18 "하나의 자연과 복수의 문화"라는 전제를 비판한 대표적인 인류학자의 연구로 Eduardo Viveiros de Castro (1998)를 참고할 것.

신적 합일을 이루고 있다고 여기는 '다자연주의자'들이라고 이야기했다 (Smart and Smart 2017:47). 예를 들어 어떤 생명체가 다리를 갖고 있든 지느러미를 갖고 있든 모두 개성(persons)을 갖고 있다는 것이다. 이러한 사고방식을 지 까스뜨루는 애니미즘이라고 불렀다(de Castro 1998). 이 애니미즘의 사고방식에서 '신성한 나무'나 '신성한 산'이라는 존재가 나올 수 있는 것이고, 여기서 산과 나무는 단지 다른 문화 속의 같은 자연적 속성을 지닌 산과 나무가 아니라 다른 생태적 질서를 갖는 자연적 실체의 속성을 갖는다고 본다. 또한, 같은 맥락에서 인류학자 팀 잉골드도 자연과 문화 혹은 문화와 생물학의 이분법을 극복하는 방안으로 생물·사회적 존재(biosocial becomings) 개념을 제안했다. 이는 모든 생명체는 사회적인 동시에 생물학적이며, 인간의 역사적, 진화적 궤적이 유기적 생명의 구조로 다시 짜일 수 있도록 시도하는 것이라고 규정하고 있다.[19]

3) 과학기술, 사이보그, 그리고 트랜스휴머니즘

포스트휴머니즘 담론에서 빠뜨릴 수 없는 것 중의 하나는 바로 과학기술을 이용하여 인간의 신체적, 정신적 능력을 개선할 수 있다는 믿는 신념 혹은 운동인 트랜스휴머니즘이다. 이 분야의 대표적인 이론가 중 한 명인 레이 커즈와일은 특이점(singularity) 이론을 설명하면서 인류의 생물학적 사고와 인간이 발명한 기술이 결합하면서 인간이지만 생물학적 근

---

19   Tim Ingold, *The Perception of the Environment: Essays on Livelihood, Dwelling and Skill*, London: Routledge, 2000, p.1.

본을 초월하는 세계를 만들게 될 것이라고 주장한 바 있다.[20] 이 주장에 따르면 특이점 이후 시기에는 인간과 기계, 물리적인 것과 가상의 구분이 사라지게 된다. 이러한 미래에 대한 상상은 인간의 의식을 컴퓨터에 이식시켜서 더 이상 늙지 않고 초월적인 능력을 갖게 되는 상황을 그린 영화 〈트랜센던스〉(Transcendence)에도 잘 나타나 있다.

트랜스휴머니즘을 논의한 대표적인 학자 중 한 사람인 닉 보스트롬 (Nick Bostrom)은 트랜스휴머니즘은 인간의 완벽성, 이성, 행위성을 이상적으로 추구하는 이성적인 인간주의에 그 뿌리를 두고 있다고 지적했다.[21] 이러한 트랜스휴머니즘을 지지하는 구체적인 주장 중 하나는 우리 자신을 향상시키려는 노력은 그 자체로 인간적인 행위라는 것이다(Smart and Smart 2017:86). 이런 맥락에서는 '향상'과 '치유' 사이에 명확한 경계가 없다. 단, 오늘날 논의되는 트랜스휴머니즘의 핵심 원칙은 인간 한계의 극복에 대한 믿음을 이성과 과학기술에서 찾는 것이다. 스마트와 스마트 (2017:87)는 트랜스휴머니스트가 두 가지 길에서 이러한 유토피아를 찾는다고 밝혔는데, 첫 번째는 유전학, 나노기술, 그리고 로봇 공학을 통해 급진적인 생명 연장을 이루는 것이고, 두 번째는 의식을 업로드해서 불멸성을 얻으려는 것이다.

이러한 트랜스휴머니즘의 논의들에 대해서 인류학적으로 참고가 될 만한 주장들이 두 가지 정도 있다. 첫 번째는 도나 해러웨이가 1985년에 발

20　Kurzweil, Ray, *The Singularity Is Near: When Humans Transcend Biology*, New York: Routledge, 2005, p.9.

21　Nick Bostrom, "A History of Transhumanist Thought." *Journal of Evolution and Technology* 14-1, 2005, pp.1-25.

표한 「사이보그 선언」으로, 사이보그라는 개념은 원래 1960년 미국 엔지니어 맨프레드 클라인스와 의사 네이선 클라인의 「사이보그와 우주」라는 논문에서 지구와 다른 환경에서 생존 가능한 우주인을 뜻하는 용어로 처음 등장했다가 곧 첨단 과학기술을 상징하는 존재로 대중화됐다.[22] 도나 해러웨이는 당시 미국 사회에서 통용되었던 백인남성 중심의 사이보그의 이미지를 비틀어 페미니즘의 입장에서 타자로 여겨졌던 여성, 유색인, 자연, 노동자, 동물이 과학기술과 적극적으로 결합하여 불순한 주체성으로 기존 질서에 저항할 것을 촉구했다.[23] 두 번째는 캐서린 헤일스의 트랜스휴머니즘에 대한 비판으로, 그는 인간의 지성을 손쉽게 의식을 업로드할 수 있다는 주장에 전제된 체화되지 않은 정보 패턴으로서의 지식과 인간의 의식을 동일시할 수 없다고 주장했다. 인간의 마음은 전적으로 체화된 것이며, 이것은 육체적으로 감각되고 경험되는 맥락과 떨어질 수 없다는 것이다.[24] 현재의 상황을 이해하는 틀로 그는 인지권역(cognisphere)이라는 개념이 사이보그보다 더 적절한 은유가 될 수 있다고 주장한다. 그에 따르면 인지권역은 인터넷, 인공위성 등의 기술 장비를 통해 전 지구적으로 형성되어 있으며, 인간은 기계, AI 등과 더불어 한 부분만을 차지하고 있다. 인지권역은 유일하지 않고 복수로 존재하며, 서로 다른 존재들과의 복잡한 연결망 속에서 공진화하고 있는 것이다.[25]

---

22   임소연, 「21세기 사이보그 여성, 기술을 말하다」, 《한겨레》, 2021.4.30.

23   도나 해러웨이, 『해러웨이 선언문』, 황희선 역, 서울: 책세상, 2019, 17-112쪽.

24   Katherine Hayles, *How We Became Posthuman: Virtual Bodies in Cybernetics, Literature, and Informatics*, Chicago: University of Chicago Press, 1999.

25   Katherine Hayles, 2006. "Unfinished Work from Cyborg to Cognisphere." *Theory, Culture & Society* 23-7 and 23-8, 2006, pp.159-166.

한편 스마트와 스마트(2017)는 '비서구적인 트랜스휴머니즘은 없는가?'
라는 흥미로운 질문을 던진다. 그들은 김흡영(Kim, Heup Young)(2014)[26]의
연구를 인용하면서, 서구에서의 트랜스휴머니즘은 유대-기독교적인 세계
관에서의 기술 세속화를 닮았는데, 이는 곧 기술을 통해서 예수의 재림을
따라 이상향인 천국에 가려는 것과 같다고 지적한다. 그래서 유일신관을
갖지 않은 종교 문화권의 시각으로는 이러한 계몽적/트랜스휴머니스트
적 믿음은 인간중심적이고 환원주의적인 세계관을 갖고 있어서 우주 및
지구와의 전체론적 관계를 무시하는 것으로 보일 수 있다는 것이다. 신
유교적인 입장에서 본 트랜스휴머니즘은 계몽된 개인은 자연과 그가 소
속된 사회에 인(仁)의 실천을 하는 것이 서구 트랜스휴머니즘에서 권력에
대한 의지를 추구하는 것보다 강조될 것이라고 한다(Kim 2014:105).

이상과 같이 포스트휴먼이란 무엇인지, 포스트휴머니즘 담론에는 어떤
것들이 있는지 살펴보았다. 그렇다면 동아시아 혹은 한국의 전통적 인식
론과 존재론에서 출발한 한의학과 포스트휴먼은 어떻게 연결될 수 있는
것일까? 이어지는 부분에서 이에 대해 다뤄보고자 한다.

---

26 Kim, Heup Young. "Cyborg, Sage, and Saint: Transhumanism as Seen from an East
    Asian Theological Setting." Calvin Mercer and Tracy J. Trothern, ed. *Religion and
    Transhumanism: The Unknown Future of Human Enhancement*, Santa Barbara, CA:
    Praeger, 2014, pp.97-104.

3. 포스트휴먼의 담론으로 한의학 바라보기

서구에서뿐만 아니라 국내에도 이미 포스트휴먼 관련 저작들이 상당수 출판된 바 있지만, 비서구적인 인식론 및 존재론과 포스트휴머니즘을 연계시켜 설명한 연구들은 많지 않다. 특히 한의학과 포스트휴머니즘을 연결 지어 논의한 연구는 찾아보기 힘들다. 이 글은 한의학이 '전통'과 '근대'의 이분법으로 가르기 힘든 '비근대(nonmodern)'[27]적인 성격을 갖고 있으며, 마찬가지로 인간-비인간을 가르는 구분도 서구의 근대주의와는 다르다는 전제 하에서 포스트휴머니즘과 연결될 수 있는, 더 나아가 포스트휴먼 논의에 기여할 수 있는 가능성이 있음을 역설할 것이다.

어떤 이들은 아시아 문화 속의 포스트휴머니즘이라고 해서 서구에서의 포스트휴머니즘과 꼭 다른 것은 아니라고 이야기한다. 예를 들어 스티브 브라운(Steve Brown)(2010:159)과 같은 학자는 포스트휴머니즘은 극도로 초국가적이어서 일본에만 적용될 수 있는 '일본식의 포스트휴머니즘'과 같은 것은 존재하지 않는다고 주장했다. 하지만 필자는 같은 사례에 대해서 인류학적으로 접근할 경우 다른 답이 나올 수 있다고 본다. '보편과학기술'에 내재된 사유나 그 적용은 어디에서나 같은 방식으로 나타날 수 있을지 모르지만, 수명을 다한 로봇 개에 대한 '장례식'을 치러주는 경우[28]는

---

27 여기서 비근대는 브뤼노 라투르(2009)가 논의한 비근대(nonmodern)와 맥락을 같이 한다. 이것은 근대적인 것에 대조되는 것을 전근대(premodern) 또는 탈근대(postmodern)로 규정하는 것과는 구별된다. 즉, 근대성을 자연과 문화, 자연과 사회, 비인간과 인간, 전통과 근대를 이원적으로 구분하려는 인위적 기획으로 인식하고, 그 기획에서 벗어나 새로운 질서를 구축하려는 시도로 비근대라는 용어를 쓰고자 한다.
28 내셔널지오그래픽에서 일본의 로봇 장례식을 취재한 다음의 영상을 참고할 것.

일본의 애니미즘을 모르고서는 이해할 수 없다. 인류학은 로봇 개의 과학적 작동 원리를 넘어서서 로봇 개와 인간과의 관계, 그리고 그 관계 속에 내재된 문화 또는 행동 양식의 심층 구조를 보는 데 관심이 있다. 이런 관점에서 볼 경우, 같은 과학기술이라 할지라도 이용 방식, 혹은 특정 사회문화적 맥락에 따라 관계 맺는 방식이 다르게 나타남을 어렵지 않게 파악할 수 있다.

포스트휴먼 담론을 한의학과 연계시켜 보려는 시도도 한국적 포스트휴먼을 모색하는 과정 중 하나라고 할 수 있다. 또한, 더 나아가 한의학의 비근대적, 비이원론적 성격이 포스트휴머니즘 논의에 어떻게 기여할 수 있을지 모색해 보는 것이 이 글의 궁극적인 목표라고 할 수 있다.

1) 비근대적 한의학의 모습들

한의학[29]은 동아시아의 전통 사유 체계를 이론적 바탕으로 하여 성립되었다. 다시 말하면 동아시아에서 자연을 보고 이해하는 방식과 인체를 이해하는 방식이 기본적으로는 같은 맥락에 있음을 의미한다. 이충열 외 (2023:2)[30]는 한의학 인체관의 주요 특성으로 인체의 전체성, 항동성(恒動

---

https://www.youtube.com/watch?v=85737zfBWXw (검색일: 2023.04.09)

29 한의학에도 여러 가지 범주, 여러 가지 정의가 있을 수 있다. '하이브리드 한의학'이 있을 수 있고, '사이보그 한의학'이 있을 수도 있다. 또 '전통한의학'이 있을 수 있고 '현대한의학'이 있을 수 있다. 이렇게 구분하는 범주들은 고정불변하는 것이 아니라 관점 및 가치기준에 따라 유동적으로 움직일 수 있다. 이 글에서는 서양의학과 구별되는 고유한 특징을 가진다는 측면에 주목하여 한의학을 살펴보고자 한다.

30 이충열 외, 『현대한의학개론』, 파주: 군자출판사, 2023.

性), 조화와 평형 관계성을 든다. 전체성이란 전일관(全一觀)과도 통하는 말로 개체들은 외부로부터 따로 떨어진 것이 아니라 다른 존재들과 하나의 존재로 통일성을 이루고 또 서로 영향을 받으면서 유기적으로 긴밀하게 연결되어 있다는 것이다. 이러한 특성은 계절이나 기후 변화에 따라 인간의 몸에도 그에 상응하는 변화가 일어난다든가, 진단 시에 맥상이나 혀의 색 및 윤택의 정도로 전체 몸의 상태를 유추한다든가 하는 등의 설명의 기반이 된다. 또한 항동성은 세계가 정지해 있는 것이 아니라 끊임없이 움직이고 변화한다고 생각하는 세계관에서 비롯된 것으로, 예를 들어 안색(顏色)을 통해 몸의 상태를 파악한다고 했을 때 여기에서의 색은 명도 및 채도가 고정된 상태의 색이 아니라 환자 상태에 따라 시시각각으로 변하는 기색(氣色)의 변화를 의학적으로 읽어내는 것을 의미한다. 세 번째의 조화와 평형관은 인체의 이상증상을 해소할 수 있는 방법이 병변의 제거에 궁극적인 목적이 있기보다는 인체 전반의 기능적 평형을 이루는 방법으로 치료법을 지향한다는 뜻이다.

이러한 한의학의 인체관 및 세계관은 한의학 고유의 사유방식으로 전개된다. 서구 과학에서 말하는 인과율에 대응해서 상관적 사고(correlative thinking)라고 불리는 것이 대표적이다. 이것은 천(天; 자연, 대우주, 혹은 대질서)과 인간(소우주 혹은 소질서)이 서로 감응(感應)과 유비(類比) 관계에 있다는 것과 연결된다.(이충열 외 2023:26) 같은 종류에 해당하는 것들이 서로 움직이고 같은 기운을 가진 것들이 서로 감응한다는 동류상동(同類相動), 동기상감(同氣相感)이라는 개념도 이러한 사유방식에서 비롯된다. 한의학 뿐만 아니라 동아시아 전통사유에서 큰 중요성을 갖는 음양오행 이론은 같은 종류, 같은 기운을 갖는 것들을 엮어주는 틀로 작용한다. 만물을 음과 양, 그리고 목화토금수의 속성을 갖는 것들로 분류하는 '그 이미지를 취해서 범주화하는' 비류취상(比類取象)법의 수행은 동아시아 의학의 전통적 사유에서 중요한 위치를 차지한다. 그리고 동아시아 의학 세계관을 나타내는 또 다른 핵심 용어라고 할 수 있는 기(氣)는 인간과 자연, 또는 만물을 고정되지 않고 유동하게 하면서 그 사이를 매개해주는 매개체라고 할 수 있다. 이를테면 음식을 잘못 먹었을 때 나타나는 체기(滯氣), 화가 치밀어 올랐을 때 나타나는 노기(怒氣)는 외부 사물에 몸이 감응하여 나타나는 반응, 다시 말하면 상호적 관계 속에서 나타나는 체현된(embodied) 표현이라고 할 수 있다.

한의학에서 질병을 보는 진단 및 치료 과정도 이러한 사고의 연장선에 있다고 할 수 있다. 한의학 진단의 절차라고 할 수 있는 망문문절(望問聞切), 즉 환자의 상태를 보고 묻고 듣고 만져서 아는 방법은 고정되고 부분적인 병소를 찾는 데 궁극적인 목적이 있다기보다는 전체적인 몸 상태를 살펴서 그 균형을 찾아주는 것에 주안점을 둔다.[31] 전체적인 몸의 균형이 깨진 것이 환자가 호소하는 부분적 증상에 영향을 준다고 보기 때문이다. 이런 이유로 아픈 자리가 아닌 그곳과 연관된 경락의 다른 혈자리에 침을 놓는 것이 가능해진다. 경락은 기혈순환의 통로로서 신체 내부 장기와 외부 기관, 신체의 위와 아래, 몸통과 사지 등 곳곳을 조밀하게 엮어준다. 12개의 대표적인 경락들은 인체의 각 장부와 체표까지를 연결하고, 또한 장

---

31 이것을 다르게 표현하면 서양의학의 진단에서는 "수치가 선행하는 틀"에 몸의 증상을 맞추는 것에 대응해 한의학에서는 몸의 증상에 "후행하는 잣대"로 진단을 한다고 본다. 자세한 내용은 김태우, 2021, 98-107쪽 참조.

부 특성에 따라 풍한서습조화(風寒暑濕燥火)와 같은 속성들과도 음양오행 론적으로 연계되어 외부의 사기(邪氣)가 침입하거나 내부에 교란이 생겨 병기(病氣)가 발생했을 때 이를 제어할 수 있는 근거가 된다. 약을 통한 치 료에서도 단일 질병을 단일 약물로 치료하기보다는 약물이 몸 안에 들어 가 어떻게 기혈의 불균형을 해소시킬 수 있을 것인지에 중점을 두기에 여 러 약재들을 조합한 형태로 약을 쓰게 된다. 이렇기 때문에 한의사는 세 균이나 바이러스의 제거를 목적으로 약을 쓰기보다는 아픈 증상을 앓고 있는 사람을 떠올리며 그 사람과 처방을 연계시키는 방향으로 약을 쓰게 된다.[32]

2) 한의학을 포스트휴먼적으로 사유하기

인류학자 주디스 파콰(Judith Farquhar)(2020)의 중의학에 대한 설명 방식 은 더 구체적으로 포스트휴먼 사유에 다가갈 수 있는 틀을 제공한다. 이 것은 비단 중의학뿐 아니라 한의학 등 다른 동아시아 의학들에도 적용해 볼 수 있다. 그는 수십 년간의 현지 조사를 바탕으로 설명하는 주체로서 의 서양의학/설명 대상으로서의 중의학 혹은 이론/실천이라는 근대적 이 분법이 아닌 다른 방식으로 중의학을 설명하는 방법을 제안한다. 바로 사

---

32 필자의 현장연구에서 한 한의사는 필자에게 환자를 놓고 처방을 '그린다'라는 식으로 표현한 적이 있다. 망문문절로 환자의 상황을 세밀하고 정확하게 스케치한 다음 다양 한 약재들을 사용해서 그 그림에 맞는 약을 찾는 것이다. 여기서 기존 처방에 '가감'하 는 것은 처방으로 그림 그리기의 완성도를 높여주는 기술이라고 할 수 있다. 이런 맥 락에서 한의사들은 처방명과 그 구성 약물들을 보고 그것에 맞는 사람의 모습을 역으 로 그려내기도 한다.

물 혹은 것들(things), 사유(thought), 그리고 행위(action)라는 세 가지 틀로 보는 것이다. 여기서 사물은 동아시아 고전에서 이야기하는 만물(萬物)의 속성과 통하는 것으로 세상에 무수히 존재하며 그것들은 각각의 개체로 존재하는 것이 아니라 같은 기운에 따라 지속해서 모이고 유동할 수 있는 사물들이다. 이러한 관점으로 인체를 바라보게 되면 인체 내의 장부들도 개별적으로 존재하는 구조물들이 아니라 서로 같은 기운으로 뭉치고 다른 기운으로 견제하는 관계 속에 있는 사물들이다. 또한, 인체 내뿐만 아니라 약, 음식, 희로애락 같은 인간관계에서 오는 것들, 더위와 추위 같은 기후 등 인체 밖의 사물들과도 공명하는 사물들이다.[33] 사유는 중의학의 치유 과정에서는 병을 진단하고 처방을 내리는 과정과 관련된다. 즉, 병의 정황 속에서 범주에 따른 패턴을 읽어내고 그것들을 제어하거나 균형을 맞출 수 있는 사물(침, 약물 등)을 연결시키는 것이다. 여기서 실제적으로 연결시키는 과정이 파콰가 이야기하는 세 번째 틀인 행위(action)이다. 이것은 중의학에 있어서 특정한 가치 기준, 윤리 규범 -예를 들어 겉으로 나타나는 병보다 근본적으로 속에 있는 병을 먼저 치료한다든가 아니면 차가운 약 혹은 따뜻하게 보하는 약을 위주로 사용한다는가 하는 것들 -

---

33 공명하는 사물의 모습을 단적으로 보여주는 흥미로운 예가 바로 『東醫寶鑑·湯液篇·水部』에 등장하는 다양한 물의 종류이다. 일견 모두 같은 물(H$_2$O)이라 할지라도 그것이 새벽에 기른 우물물인지, 거슬러 돌아 흐르는 물인지, 순조롭게 흐른 물인지, 더운 샘물인지에 따라 그 효능이 다르다. 이것은 결국 물이 주위 사물과 어떻게 관계 맺는지, 또 그러한 물을 마셨을 때 몸은 어떤 관계에 들어가는지를 보여주는 사례라고 할 수 있다. 이렇게 다양한 물의 종류는 『東醫寶鑑·湯液篇』에 등장하는 나무(木), 풀(草) 등 다른 본초들과 동등한 범주의 성격을 갖는다. 즉, 서구식의 종(種)분류가 아니라 매개되는 기운의 성격에 따라 분류가 이루어진 것이다.

이 내포된 상태에서 연결망이 형성된다.

한의학에서는 인간과 비인간존재에 있어서 위계적인 구분을 하지 않는다. 음양오행과 같은 아날로지즘[34]적 사유는 인간과 비인간(동물, 식물, 혹은 물, 먼지 등)을 엮어주지만, 위계를 형성하지 않는다. 인간이 약을 먹더라도 취상비류를 통해 얻어진 지식으로 궁극적으로는 그 기(氣)를 취하는 것이다. 극단적으로 이야기하자면 인삼을 먹는다는 것은 '사포닌'을 체내에 흡수하는 것이 아니라 인삼의 기운을 본받는 것이다. 보중익기탕을 본받는 것이고 소시호탕을 본받는 것이다. 이런 관점에서 보면 보중익기탕이나 소시호탕만 보았을 때 그 기운을 닮은 사람까지 떠올릴 수 있게 된다. 이렇게 형성된 앎의 체계에서는 약의 효과를 증명하기 위해 인간보다 위계가 낮은 동물을 먼저 내세우는 '동물실험'과 같은 절차가 존재하지 않는다.[35]

다문화주의를 넘어서서 다자연주의로 가야 한다는 인류학자들의 주장도 한의학에 적용해 볼 수 있다. 동아시아 의학사에 존재해 온 다양한 학파(學派)가 그 예가 될 수 있다.[36] 중국의 서로 다른 지역, 기후 속에서 생겨난 한량파(寒涼派), 온보파(溫補派), 그리고 온병학파(溫病學波)의 흐름

---

34 김태우(2021:125-134)는 데스콜라의 존재에 대한 네 가지 이해 방식(내추럴리즘, 애니미즘, 토테미즘, 아날로지즘)을 인용하면서 아날로지즘에 대해 다음과 같이 설명한다. "아날로지즘은 동아시아의학의 존재론에 관한 명명이다. 아날로지즘은 존재들의 기저를 흐르는 이치에 주목한다. 그 이치가 근간을 이루면서, 또한 변주하면서 세계를 구성한다. 이때 아날로지는 그 근간의 이치를 이르는 말이다. 음양, 사시, 오행, 주역 패가 동아시아 아날로지의 예시들이다."

35 물론 근대적 학제를 통해 세워진 한의과대학/연구소 시스템하에서는 동물실험연구가 진행되고 있다.

36 한국 한의학의 다양한 학술 유파에 대해서는 김남일(2004)을 참고할 것.

들[37]은 각각 인체의 생리를 다르게 보고 다른 치법을 제시했는데, 이것이 각 지역 의가들의 '문화'가 다르기 때문이 아니라 다른 인체, 곧 다른 자연을 갖고 있었기 때문이라고 볼 수 있다. 한반도에서도 강한 열약(熱藥)인 부자(附子)의 사용을 강조한 부양학파(扶陽學派)[38]도 학파가 발생한 부산·경남 지역에서 다른 자연을 보았기 때문이라고 이야기할 수 있다. 또한, 인간을 네 가지 범주로 나누어 구별한 사상의학도 자연과 문화, 과학과 사회가 분리되지 않은 생물·사회적 존재되기(biosocial becoming)의 한 사례로 논의해 볼 수 있다.

그렇다면 한의학에서의 트랜스휴먼은 어떤 모습일까? 초국가적인 질서 속에서, 다르게 표현하면 전세계적으로 영향을 미치고 있는 생의학 담론 속에서 한의학도 그 고유의 것만 주장할 수 없다. 또한 대한민국이라는 국한된 지리적 요건 속에서만 존재할 수도 없다.[39] 제도화 과정에서, 과학화 프로젝트를 통해서 한의학의 사유체계는 근대성의 정신에 맞게 '번역'되고 '정화'된다. 하지만 브뤼노 라투르(1993)가 일찍이 간파하였듯이 그 근대 기획의 과정에서 수많은 하이브리드들이 생겨난다. 해러웨이 식으로 이야기하면 사이보그 한의학, 사이보그 한의사가 생겨나는 것이다. 이 사이보그 한의사는 해부학적 지식에 기반해서 초음파진단기를 사용하고 혈액검사기기를 통해서 혈액 상태를 확인하며 추나를 시행하고 침을 놓고

---

37 중국에서 나타난 한량파, 온보파, 그리고 온병학의 형성 대한 연구로 Hanson, Marta(2001; 2011)을 참고할 것.

38 부양학파의 탄생과 전승에 관한 연구로는 오재근(2014)을 참고할 것.

39 전통의학이 발원한 영토를 떠나 다른 곳에서 인간 및 비인간 사물들과 관계 맺는 과정들을 탐구하는 연구가 진행될 필요가 있다. 한국의 한의학에 대해서는 아직 단행본 수준의 연구가 나와 있지 않다. 중의학에 대해서는 Zhan(2009), Hsu(2022)를 참고할 것.

약을 짓는다. 이제는 장차 AI 한의사가 되기 위해 자신의 모든 정보들을 표준화하여 정량적인 데이터로 만드는 시도를 하고 있다.[40] 이러한 모습은 마치 해러웨이가 페미니즘적 사이보그를 그렸던 것처럼 서구에서 주류 백인남성의 욕망의 투사물인 사이보그와는 다른 모습의 사이보그이다.

4. 결론: 포스트휴먼의 조건들로 살펴본 한의학의 가능성들

지금까지 살펴본 인류학적 관점에서의 포스트휴먼 논의와 한의학의 가능성을 간단히 정리해 보면 다음과 같다. 인류학은 인류학자가 직접 연구 대상이 있는 현지에 가서 연구 대상들과 어울리면서 참여 관찰[41]을 통해 그들과 관계를 맺고 그들의 생활 방식, 제도, 사회문화의 심층 구조를 파악하는 학문이다. 여기서 연구 대상이 되는 '그들'은 단지 인간 행위자뿐 아니라 언어, 도구, 동물 등 다양한 비인간 행위자들도 포함될 수 있다. 이러한 연구 방식은 연구 주체와 대상 간의 관계를 성찰적, 대칭적으로 이해하고자 하는 데까지 나아갔으며, 탈서구중심주의에 대한 깊은 고민을 진행하고 있다. 인류학의 이러한 관점은 서구 중심의 인간주의, 인류중심주의, 이원론에서 탈피하는 데 큰 기여를 할 수 있다. 또한 인류학의 대칭

---

40 「AI 한의사 도입이 한의 진료의 품질 높인다는 것은 명백한 사실」, 《한의신문》, 2020.7.3.
41 Hsu(1999:15)와 같은 학자는 인류학자가 단지 '관찰'만 하는 것이 아니라 현지의 일상 행위와 각종 의례 등에 연구자의 몸을 기꺼이 내어 참여한다는 의미에서 '참여 경험' (participant experience)이라는 말을 쓰기도 한다.

적 관점은 과학/비과학, 근대/전근대, 서구/비서구의 이분법 속에서 크게 주목받지 못했던 한의학의 사유를 포스트휴머니즘 논의와 연결시키는 작업을 성공적으로 수행할 수 있다.

　과학주의와 근대주의의 눈으로 보지 않았을 때, 한의학은 포스트휴먼 논의에 기여할 수 있는 다양한 가능성들이 있다. '오래된 미래'라는 말처럼, 포스트휴먼의 '포스트-'를 단지 선형적 시간 속에서 다음 차례인 것으로만 볼 이유는 없다. 기존의 세계관에서 벗어나서 한의학을 바라볼 때, 포스트휴머니즘과 한의학은 창발적인 하이브리드로서 인류의 위기를 타개해 갈 수 있는 논점들을 제시해 줄 수 있을 것이다. 본 논문은 이러한 논의의 시작점으로서 포스트휴머니즘과 한의학의 접점을 모색하는 데 의의를 두었다. 향후 더 많은 관련 연구들이 이루어지기를 희망한다.

2부
기술과 돌봄, 교차점 너머의
새로운 길을 찾아서

인공지능을 활용한 의료상담에 대한 인식*

조민하
경희대학교 인문학연구원 HK+통합의료인문학연구단 HK연구교수

* 이 글은 「인공지능을 활용한 의료상담 인식과 과제: 20대 대학생 대상 설문조사를 통하
여」(『인문학연구』 57, 2023)를 수정 및 보완한 글이다.

1. 서론

이 글은 의료상담에 활용되는 인공지능에 대한 인식을 알아보고 AI 기술 발전의 방향을 모색하는 데 참고 자료를 제공하는 것을 목적으로 한다. 빅데이터를 기반으로 하는 인공지능(AI: Artificial Intelligence)은 다양한 영역에서 좀 더 쉽게 인간 친화적인 방식으로 활용할 수 있게 발전하고 있다. 챗(Chat)GPT의 등장으로 그동안 다양한 채널로 정보를 취득, 분석, 구조화했던 작업들을 하나의 채팅창에서 해결할 수 있게 되었다. 구어적 대화 채널을 위한 음성인식과 음성합성 기술은 그 정확도가 높아지고 활용 영역이 확대됨에 따라 우리의 생활 속에 공고히 자리 잡게 되었다. 휴대용 디바이스와 일상적인 대화를 나누기도 하며, 달리는 차 안에서 혹은 삶의 공간에서 몇 마디의 명령으로 원하는 바를 이루기도 한다. 미국 IBM이나 일본 소프트뱅크 등은 AI를 채용 과정에 도입하기도 하기도 하고 달리는 자동차의 자율주행 기능은 인공지능 기술의 발전과 함께 안전성과 지속가능성을 꾸준히 향상시켜 가고 있다.

이 글에서는 특히 의료 영역에서 활용되는 인공지능에 주안점을 두고자 한다. 의료 시설은 인간이 가장 취약한 순간에 찾게 되는 공간이다. 병원에 방문하여 병증을 파악하고 질병의 완화와 치료를 목적으로 환자와 의사가 협력하는 과정을 밟는다. 협력 과정에서 중요한 활동은 병증에 대한 상담의 단계이다.[1] 환자와 의사가 상호작용적 소통이 원활하게 이루어질 때 질병에 대한 관리뿐 아니라 긍정적인 의료적 결과를 얻을 수 있다. 따라서 의사의 커뮤니케이션 능력을 향상하기 위한 방법과 전략은 의료커뮤니케이션 분야의 주요 연구 주제이기도 하다. 인공지능이 의료에 활용되기 시작한 현재 인공지능을 활용한 의료상담을 위해 주안점을 두어야 할 지점은 무엇일까?

이에 대한 해답에 접근하기 위해 '인공지능'과 '의료상담 AI'에 대한 인식을 알아보고자 한다. 보도자료와 블로그 게시글에 나타난 인공지능에 대한 인식을 알아본 후, 20대 대학생들을 대상으로 한 설문조사를 통해 의료상담 AI에 대한 인식을 파악한다. 두 설문 결과를 종합하여 의료상담 AI의 활용에서 주안점을 두어야 할 지점이 무엇인지를 논의하고자 한다.

2. 의료 분야의 인공지능 활용 현황

AI는 특히 지난 10년 동안 의료계에서 그 활용도가 급격히 증가하고 있다. 빅데이터를 빠르게 분석하여 의미 있는 자료를 제공할 수 있는 AI는

---

1   의료상담은(醫療相談)은 우리말샘에서 '병이나 증상과 관련하여 조언하고 상의하는 일'로 정의한다. '조언'과 '상의'라는 표현은 의료상담이 환자의 병증에 대한 의사의 도움, 환자와 의사의 상호작용에 기반한다는 것을 의미한다.

전문 영역에서 두각을 드러낸다. 특히 3분 진료로 어려움을 겪고 있는 한 국에서는 AI를 활용한 상담 서비스를 통해 의료진의 부담을 줄일 수 있고, 의료 서비스의 효율성과 정확성을 높일 수 있다. 환자 치료 개선, 의사 결 정 개선, 비용 절감 면에서도 긍정적 효과를 기대할 수 있다. 최근 챗GPT 와 같은 거대 언어 모델 기반의 대화형 AI 시스템이 등장하면서 AI의 의료 적 활용이 구체화되었다. 사전 승인 의료 보고서를 자동 생성하거나, 전 자 의료기록을 요약하고, 대화형 컴퓨터의 지원 및 진단 등이 이루어지고 있다.[2] AI는 기계학습(ML: Machine Learning) 알고리즘을 사용하여 생체 신 호 데이터를 분석하고 질병의 징후를 감지하여[3] 예방 의학에도 활용되고 있다.

현재 의사소통 분야에서는 병원 진료를 예약하거나,[4] 표준화된 문진 데 이터를 기반으로 초진 상담 서비스를 제공하는 단계에 이르렀다.[5] 대화형 로봇은 의료 전문가들의 의사소통 기술을 교육하는 데 활용되기도 한다.[6]

2   Shen Y el al, "ChatGPT and other large language models are double-edged swords", *Radiology* 307-2, 2023, e230163. pp,1-4.

3   Fleuren LM et al. "Machine learning for the prediction of sepsis: A systematic review and meta-analysis of diagnostic test accuracy", *Intensive Care Medicine* 46, 2020, pp.383-400.

4   〈병원 진료예약·상담, 이제는 모바일로…인공지능 기반 플랫폼 첫선〉 http://www.docdocdoc.co.kr/news/articleView.html?idxno=3008940. 2023. 8. 24.

5   〈'어디 아파?' 상담으로 훈련한 AI, 의료현장 투입 기대〉 http://www.hitnews.co.kr/news/articleView.html?idxno=31741. 2020. 12. 19.

6   Tjorven Stamer et al., "An Artificial Intelligence Supporting the Training of Communication Skills in the Education of Health Care Professions: Scoping Review", *Journal of Medical internet research* 25, 2023, pp.1-16.

돌봄 분야에서는 독거노인의 도움 로봇이 개발되었고,[7] 치매 환자를 위한 기억 보조 앱 개발이 활발하게 진행 중[8]이다. 현재 공공 의료 분야에서 AI를 활용한 의료상담이 본격적으로 이루어지고 있지는 않으나 의사소통 분야의 AI 응용 현황을 고려하면 공공 의료에서도 AI가 곧 상용화될 것으로 보인다. 이미 국내에서는 2021년 인공지능 심리상담 챗봇 '로니(RONI)'가 출시되어 하나의 앱을 통해 심리검사, 심리상담 커뮤니티, 비대면 심리상담까지 할 수 있게 되었다.[9] 이러한 상황에서 대화형 챗봇 챗GPT가 내놓는 의료상담에 대한 만족도가 의사를 능가한다는 분석[10]은 의미심장하기까지 하다.

　새로운 기술이 발달하고 이에 대한 사용자들의 심리적 장벽이 허물어지면서 의료 분야에서 AI의 역할이 확대될 것은 자명해 보인다. 특히 전 세계적으로 고령화 시대가 도래하고 정신병리학적 현상이 만연하면서 전문 상담사의 필요가 증가하였다. 인공지능을 활용한 상담은 대면 부담과 경제적 문제를 완화할 수 있다. 다수가 동시에 접속이 가능하다는 점에서 시간과 공간의 제한도 적어진다. 빅데이터를 기반으로 하여 정확도가 높아졌고, 환자 맞춤 서비스도 가능해질 것으로 보인다. 김기락(2022)[11]에서

7　송문선, 「독거노인의 반려 AI 로봇(효돌)과의 동거 중에 경험하는 의인화에 대한 질적 연구」, 『사회복지연구』 53-1. 2022, 119-159쪽.

8　정제호, 김영윤, 「코퍼스 분석 기반 치매환자를 위한 자동형 기억보조 앱 개발에 대한 시론」, 『Journal of Korean Culture』, 한국어문학국제학술포럼, 2023. 7-31쪽.

9　〈심리상담도 인공지능으로?...마인드카페, 인공지능 챗봇 '로니(RONI)' 출시〉 https://www.aitimes.kr/news/articleView.html?idxno=23722 21. 12. 23.

10　〈의료상담 만족도에서도 의사 뛰어넘은 챗GPT〉 https://m.dongascience.com/news.php?idx=59647 2023. 5. 1.

11　김기락 외, 「감정에 기반한 가상인간의 대화 및 표정 실시간 생성 시스템 구현」,

는 챗GPT와 인공 신경망(Artificial Neural Network: ANN)[12]을 활용하여 가상 인간의 감정과 표정을 인간 중심의 자연스러운 멀티모달 의사소통 방식으로 변화하는 데 성공하였다.

AI와의 자연스러운 의사소통은 기술적으로 이미 가능해졌을지도 모른다. 그러나 공공 의료에서 상담 AI를 현실화하기 위해서는 여전히 해결해야 할 과제들도 많다. 의료 빅데이터를 수집할 때 개인정보 보호 문제를 해결해야 하며, 정보의 관리와 활용 단계에서 보안과 통제 가능 여부도 고려해야 한다. 기술적 적용의 기준과 운영의 주체를 정하는 문제도 중요하다. 운영 주체가 누구냐에 따라 인공지능의 활용 방향이 달라질 수 있기 때문이다. 의료적 적용에서 더욱 중요한 것은 신뢰성과 정확성이다. 상담 AI가 병증에 대한 치료적 선택을 돕는다는 측면에서 그렇다. AI가 인간 의사를 대신할 만큼의 원활한 의사소통이 가능할지도 의문이다. 환자는 병증의 치료뿐 아니라 정서적 케어를 기대하며 병원을 찾는다. 의료상담 AI에 대한 인식 조사는 이와 같은 산발적인 우려를 좀 더 뚜렷하게 드러내고 과학기술의 진보에 우리 사회가 대응할 바를 파악할 수 있게 할 것이다.

『Journal of the Korea Computer Graphics Society』 28-3, 2022, 23-29쪽.

12 인공 신경망(ANN)은 기계학습과 인지과학에서 생물학의 신경망(특히 뇌)에서 영감을 얻은 통계학적 학습 알고리즘이다. 시냅스의 결합으로 네트워크를 형성한 인공 뉴런(노드)이 학습을 통해 시냅스의 결합 세기를 변화시켜, 문제 해결 능력을 가지는 모델 전반을 가리킨다.(김기락 외 2022: 24) 자세한 내용은 다음 논문 참고: Zupan, Jure, "Introduction to artificial neural network(ANN) methods: what they are and how to use them", *Acta Chimica Slovenia* 41-3, 1994. pp.327-352.

3. 보도자료와 블로그에 나타난 인공지능에 대한 인식

　인공지능에 대한 인식을 알아보기 위해 보도자료와 블로그의 글을 분석하여 제시한다. 보도자료는 시사적인 이슈에 대한 사실적 내용을 전달한다. 블로그 역시 최근의 시사적 이슈를 다루되, 개인적인 견해가 포함된 글이다. 여기에서는 '인공지능'에 대한 최근의 인식을 살피되, 사실뿐 아니라 대중의 주관적 측면도 파악하기 위해 보도자료와 블로그 내용을 함께 분석하였다.

　'인공지능'에 대한 인식을 알아보기 위해 빅데이터 기반 분석 툴을 제공하는 썸트렌드[13]를 이용하였다. 최근 한 달(2023.10.29-11.28)간 보도자료와 블로그 글이 분석 대상이다. 먼저, '인공지능' 혹은 'AI'를 키워드로 하여 공기어를 추출하였다. 이후 긍·부정 공기어를 분류하고 부정어가 포함된 기사와 블로그를 대상으로 인공지능에 대한 부정적 인식의 이유에 대해 키워드 분석하였다.

1) 인공지능에 대한 관련어

　대상어와 함께 결합하여 쓰인 관련어를 살펴보면 해당 텍스트에서 대상어를 어떻게 규정하고 있는지 파악할 수 있다. 단어는 텍스트에서 관련어들과 일종의 네트워크를 형성한다. 따라서 해당 단어의 관련어가 어떠한 의미를 갖는지 알아보고 맥락에 따른 단어의 의미 변화를 파악할 수

13　https://some.co.kr/

있다. 최근 한달간 분석 자료에 나타난 '인공지능'의 관련어를 아래 〈그림 1〉에 보였다.

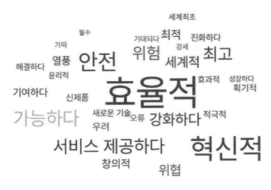

〈그림 1〉 인공지능 관련어 양상

위 〈그림 1〉에 시각화한 단어들은 사용 빈도가 높을수록 더 크게 나타난다. 주로 '효율적', '안전', '혁신적', '서비스 제공하다', '최고' 등의 긍정 의미를 지닌 단어들이 '인공지능'과 함께 쓰인다는 것을 알 수 있다. 좀 더 구체적인 관련어 출현 양상을 알아보기 위해 빈도에 따른 관련어의 특징을 살펴보고자 한다.

〈그림 2〉는 '인공지능'과 함께 나타난 관련어를 빈도 순위(15위까지)에 따라 나타낸 것이다. '효율적'이라는 단어는 총 1,640회 쓰여 인공지능의 편리함을 가장 많이 언급하고 있다는 것을 알 수 있다. 다음으로 '혁신적'이 1,255회, '가능하다'가 831회, '서비스 제공'이 755회, '최고'가 736회 나타나 새로운 정보 기술에 대한 가능성과 효과성에 대한 장점이 부각되고 있다.

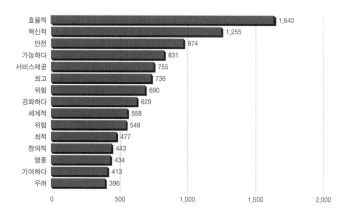

〈그림 2〉 '인공지능' 관련어의 빈도_15위

2) 인공지능 관련어의 긍 · 부정 사용 양상

여기에서는 인공지능 관련어가 긍정적 의미를 갖는 경우가 많은지 혹은 부정적 의미를 갖는 경우가 많은지를 알아보고자 한다. 이후 부정적 의미를 갖는 관련어들이 포함된 기사 원문을 분석하여 이에 대한 이유를 파악하고자 한다. 관련어의 긍 · 부정 특성을 파악하는 것은 대중의 기대와 우려의 방향을 이해할 수 있게 한다. 또한 부정적 관련어에 대한 이유를 분석하여 안전하고 효과적인 인공지능 시스템을 구축하는 데 참고할수 있다.

인공지능과 함께 쓰인 관련어들의 긍 · 부정 비율을 아래 〈그림 3〉에 제시하였다. 긍정 단어가 전체의 76.5%를 차지해 인공지능에 대한 기대나 희망이 매우 높은 비율을 보인다는 것을 알 수 있다. 부정적인 의미를 가진 관련어는 19.7%에 그친다.

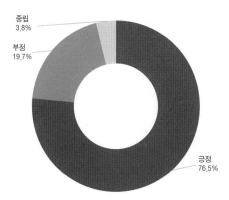

〈그림 3〉 인공지능에 대한 긍·부정 관련어 비율

부정적 관련어는 주로 '위험', '위협', '우려'와 같은 단어들이다. 이 세 단어가 포함된 기사와 블로그 글을 추출하였다. 블로그 글 24개, 기사 21개로 모두 45개의 글이 이에 해당했다. 45개 글의 내용을 분석하여 이와 같은 부정적 정서를 느끼는 이유를 파악해 보았다. 그 이유로 나타난 키워드는 모두 137개였다.

〈그림 4〉에서 가장 크게 나타나는 단어는 '보안', '상업화', '통제', '안전성', '편향성' 등이다. '보안'과 '안전성'은 정보의 관리와

〈그림 4〉 부정 관련어 키워드 시각화

관련된다. '상업화'는 정보의 활용, '통제'는 인간의 힘을 벗어난 인공지능 시스템의 관리에 대한 우려를 나타낸다. '편향성'은 빅데이터 수집에서 정보의 질과 관련된다. 정보의 수집 및 관리, 활용 및 통제에 대한 위기의식이 높은 빈도로 고루 드러나고 있다는 것을 알 수 있다.

위의 내용을 좀 더 구체적으로 알아보기 위해 인공지능으로부터 위험, 위협, 위기를 느끼는 이유를 순위에 따라 살펴보고자 한다.

〈표1〉 부정 관련어의 키워드 순위 및 빈도

순위	키워드	빈도	순위	목록	빈도
1	보안	12	12	조작	3
2	상업화	9	13	제어	3
3	통제	8	14	잘못된	3
4	편향성	5	15	자율복제	3
5	정보	5	16	인류위협	3
6	안전성	5	17	윤리	3
7	일자리	4	18	오류	3
8	인간성	4	19	악용	3
9	가짜뉴스	4	20	불평등	3
10	편견	3	21	무기개발	3
11	주인	3	22	해킹	3

위 〈표 1〉은 부정 관련어가 나타난 글에서 언급된 내용 가운데 빈도 3 이상의 이유를 정리하여 보인 것이다. 모두 95개의 토큰, 22유형의 단어가 추출되었다. '주인', '제어', '자율복제', '인류위협'은 모두 '통제'라는 키워드로 수렴될 수 있다. 스스로 '주인'이 되고자 하는 AI의 탄생을 두려워

하거나 '자율복제'와 같이 인간이 '제어'하지 못하는 문제들이 발생할 경우 '인류위협'의 상황이 도래할 수도 있다.

'편향성', '정보', '잘못된', '가짜뉴스', '조작', '오류' 등은 빅데이터 수집 단계에서의 문제들이다. 빅데이터는 방대한 규모로 인해 수집된 정보에 오류가 있을 수 있다. 편향되거나 잘못된 정보 혹은 가짜뉴스가 포함될 수도 있다. 이는 모두 '정보 왜곡'과 관련된다. '상업화', '무기개발', '해킹' 등은 의도적인 '악용'의 사례에 해당한다. '인간성', '편견', '윤리' 등은 인간성에 대한 상실, 비윤리적 사용에 대한 우려를 나타내는 단어들이다.

부정 관련 키워드 전체 137개를 상위 분류 '통제', '보안', '악용', '정보 왜곡', '인간성과 윤리', '일자리', '기타'로 구분하여 아래 〈그림 5〉에 나타내었다.

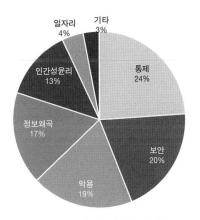

〈그림 5〉 부정 관련어 키워드 분류

전체 가운데 '통제'가 24%로 가장 높은 비율을 보인다. 다음으로 '보안'이 20%, '악용'이 19%, '정보 왜곡'이 17%이다. '인간성과 윤리'는 13%이고, '일자리'에 대한 걱정은 4%로 나타난다. 대중들은 AI에 대한 '통제' 가능 여부를 가장 중요한 문제로 인식하고 있다는 것을 알 수 있다. 인공지능은 빅데이터를 스스로 학습하여 추론과 예측 과정을 거쳐 결과를 제시한다. 따라서 결과에 대한 이유나 그 처리 과정을 알 수 없다. 인공지능 시스템에서 정보처리의 불투명성은 인간에게 불안 요소가 될 수 있다.

'보안', '악용', '정보 왜곡' 문제는 데이터의 무분별한 사용과 관련된다. 빅데이터는 개인과 단체의 중요한 정보들이 혼합되어 있는 인간 삶의 총체라 할 수 있다. 자료의 보안이 중요한 이유는 개인정보 등이 정보 제공자의 동의 없이 사용되거나 원치 않는 형태로 악용될 여지가 있기 때문이다. 상업적 혹은 군사적 목적으로 이용될 가능성도 있다. 딥페이크 기술을 이용해 개인의 명예를 훼손하거나 가짜뉴스를 만들어 정치적 목적에 활용할 수도 있다. AI 기술은 안정적 보안 시스템이 갖추어질 때 다양한 문제들을 예방할 수 있다. 최근 '안랩'이 '보안 엔진'을 개발하는 데 총력을 쏟고 있는[14] 이유이기도 하다.

'인간성과 윤리'에 관한 내용에서는 질적으로 검증된 데이터가 확보되지 않거나 특정 인종이나 종교, 정치 집단이 AI를 소유할 경우의 우려가 드러난다. AI를 통해 편견이나 차별의 콘텐츠가 생산되고 약자를 보호하는 인간 존엄도 사라질 수 있다는 내용이다. AI에 대한 우려로 인간의 '일

---

14 〈'V3 신화' 일군 안랩…"통합 보안 · 블록체인까지 섭렵〉 2023. 11. 17.
    https://n.news.naver.com/mnews/article/018/0005621504

자리'가 없어질 것이라는 내용은 4%밖에 나타나지 않는다. 이는 이미 AI 의 상용화로 인해 새로운 일자리가 출현하고 있고, 일자리 형식이 변화할 것이라는 인식이 공유되고 있기 때문인 것으로 보인다.

이상에서 '인공지능'의 관련어를 통해 대중들의 인식을 알아보았다. '인공지능'에 대해서는 부정적인 측면보다 긍정적인 측면에 대한 인식이 강하다. 부정적 키워드가 나타난 기사와 블로그 내용에서는 주로 AI에 대한 통제, 데이터의 무분별한 사용과 관련된 우려가 드러난다.

4. 20대 대학생들의 의료상담 인공지능에 대한 인식

'의료상담 AI'에 대한 인식을 파악하기 위해 의료인문학 관련 수업을 듣는 서울 소재 K대학의 학부생 65명을 대상으로 자발적인 설문조사를 실시하였다. 조사 대상의 국적과 연령대는 한국인 20대로 통일하였다. 외국 학생들은 내국인보다 국내 의료 환경에 대한 이해도가 상대적으로 낮을 것으로 보아 제외하였다. 20대는 스마트 기기에 대한 이해도가 높고 거부감이 낮다. 또한, 미래 세대로서 AI의 주 사용층이 될 것이다. 20대를 대상으로 하여 실험 결과를 강의에 활용할 수 있고, 향후 인공지능 기술의 발전 방향을 모색해 볼 수 있을 것으로 보았다. 특히 의료인문학 관련 강의를 수강하는 학생들은 기계와 인간 가치에 대한 지식과 성찰의 경험이 많아 설문에 좀 더 진지하게 임할 것으로 보았다.

참여자들에게 제시한 설문 내용은 다음과 같이 7항목이다. 각 질문에

대한 답을 선택하게 한 후 그 이유를 물었다.[15]

<표2> 의료상담 AI에 대한 인식 조사 설문 내용

문항	질문 내용
1	AI 의료상담은 필요하다.
2	AI 의료상담의 기회가 주어진다면 활용할 것이다.
3	AI 의료상담이 가장 적절하다고(필요하다고) 생각되는 진료과를 선택해 주세요.
4	AI 의료상담이 가장 부적절하다고(불필요하다고) 생각되는 진료과를 선택해 주세요.
5	AI 의료상담 시스템에서 가장 중요하게 고려할 점은 무엇이라고 생각하십니까.
6	귀하가 식당이나 카페에서 선호하는 주문 방식은 무엇입니까?
7	'AI를 활용한 의료상담'에 대한 기타 의견을 자유롭게 서술해 주세요.

1, 2번은 의료상담의 필요성에 대한 것이며, 3, 4번은 진료과에 따른 의료상담 AI의 적절성에 관한 것이다. 5는 AI 의료상담 시스템 마련에서의 주안점을 묻는 질문이다. 6번은 응답자들의 기계 선호 편향 정도를 알아보기 위한 질문이며, 7번은 1-6번까지의 답변 내용을 보완하기 위한 개방형 질문이다.

---

15 1번과 2번은 리커트 척도(5점 척도)에 따라 선택하게 하였다. 3, 4번은 대표적인 진료과 10개를 제시하여 답하도록 하였다. 6번은 응답자들의 기계 선호 편향 정도를 알아보기 위한 문항이다.

1) AI 의료상담의 필요성

설문 대상이 된 65명의 학생들 가운데 40명이 설문에 응하였다. 응답자들의 성별은 여학생이 25명, 남학생이 15명이며, 평균 연령은 22.4세이다. 이 절에서는 AI를 활용한 의료상담에 대한 인식 조사 결과를 설문 항목의 순서에 따라 제시하고 주요 사항을 논의하고자 한다.

〈그림 6〉은 'AI 의료상담의 필요성'에 대한 답변 내용을 5점 척도로 구분하여 비율로 나타낸 것이다.

'AI 의료상담'의 일반적인 필요성을 묻는 1번 문항에서는 '전혀 그렇지 않다'를 고른 응답자는 없었다. '그렇다'는 전체의 50%, '매우 그렇다'는 15% 비율로 나타나 'AI 의료상담'을 긍정적으로 보는 비율이 65%를 보인다. 이에 대한 이유를 묻는 추가 질문에서는 아래 〈표 3〉과 같은 의견이 제시되었다.

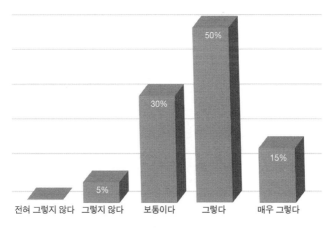

〈그림 6〉 'AI 의료상담은 필요하다'의 답변 비율

정확성(31%)	진단 오류 및 실수, 의료 사고 방지 등
편리성(25%)	시공간의 제약, 여러 병원 방문 필요성이 낮아짐
의료 집중화 해소(23%)	3차 병원 방문, 인기 의료진 쏠림 현상 완화, 지역 편차 해소
기타(21%)	인간 의사의 불친절함, 경제적 부담 완화, 의료 인력 보완

'그렇다'와 '매우 그렇다'의 이유로 31%의 가장 높은 비율을 차지한 것은 정확성이다. 의료상담 AI를 활용하면 인간 의사의 진단 오류나 실수를 방지할 수 있고 이에 따른 의료 사고를 예방할 수 있을 것이라고 기대하는 것이다. 두 번째는 편리성으로 25%의 비율을 보인다. 응답자들은 원격 의료가 가능해져 시간과 공간의 제약을 덜 받게 될 것이라 보았다. 빅데이터 기반 의료정보의 표준화로 인해 여러 병원을 방문하는 번거로움이 없어질 것이라는 전망도 있었다. 세 번째 역시 두 번째와 관련되는 이유로 의료 집중화가 해소될 것이라는 의견이다. 23%를 보이는 의료 집중화 해

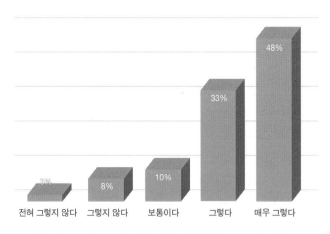

〈그림7〉 'AI 의료상담의 기회가 주어진다면 활용할 것이다'의 답변 비율

소에 대해서는 현재 3차 병원이나 대도시 중심, 실력 있는 의료진을 찾아 쏠림 현상이 나타나지만, 의료정보가 공유되면 이러한 문제가 완화될 것이라고 보았다. 기타로는 불친절한 의료진에 대한 불만, 경제적 부담이 완화될 것이라는 희망도 드러났다. 일정 부분 AI가 의료 인력의 부담을 덜어줄 것이라는 의견도 있었다.

다음은 본인이 직접 AI와 의료상담을 할 수 있다면 이를 활용할 것인지에 대한 응답자들의 의견을 알아본 것이다.

〈그림 7〉은 응답자 스스로가 를 활용할 것인가에 대한 응답 비율을 나타낸 것이다. '그렇다'가 33%, '매우 그렇다'가 48%로 긍정 의견은 모두 81%였다. 일반적인 필요보다 직접 경험 의지가 매우 강하다는 것을 알 수 있다. '그렇다'는 17%가 낮지만, '매우 그렇다'는 33%나 높아 전체 긍정 답변은 16%가 높다. 2번 문항의 답변 이유를 아래 〈표 4〉에 정리하여 제시하였다.

〈표4〉 'AI 의료상담의 기회가 주어진다면 활용할 것이다'의 답변 이유

편리함(42%)	즉각적 해결, 시공간의 제약 극복, 예방적 상담 가능
호기심(22%)	새로운 시스템에 대한 호기심, 궁금증, 미래 기술 체험 희망
대면 부담 완화(14%)	의료진과의 직접 대면에 대한 부담 완화
정확성(11%)	진단 실수 낮아짐, 신뢰, 냉정하고 정확한 처방 기대
기타(11%)	'상담'에 대한 위험 부담이나 거부감 해소

직접 경험을 희망하는 이유로 '편리함'이 42%로 가장 높은 비율을 보였다. 검색이나 간단한 접속을 통해 가벼운 통증에 대한 궁금증을 즉각적으로 해결할 수 있다. 방문이 힘들거나 외출 준비가 귀찮을 때 시공간적 제

약을 받지 않고 상담을 할 수 있기 때문이라는 의견이 많았다. 예방적 차원에서 증상별 병증을 미리 알아볼 수 있다는 장점도 언급되었다.

두 번째로 높은 비율을 보인 이유는 '호기심'이다. 미래 기술에 대한 궁금증, 새로운 시스템에 대한 체험을 하고 싶다는 의견이다. 신기한 경험이 될 것 같다는 기대도 엿보인다. 세 번째는 '대면 부담 완화'를 들었다. 의료진과 직접 대면 시 질문에 제대로 대답하지 못할지도 모른다는 부담이 있다. 그러나 기계와 상담을 하는 경우는 실수에 대한 두려움을 느끼지 않아도 된다고 하였다. 네 번째 이유로 정확성과 신뢰성을 들었다. 인간 의사는 개인적 경험과 기준에 따라 상담하지만, AI는 선입견이나 주관 등을 배제하고 통계적 결과에 따라 냉정하고 정확한 상담을 진행해 줄 것으로 기대했다. 기타로는 상담에 국한한다면 위험 부담이 없을 것 같다는 의견이다. 기계에 대한 거부감이 없고 특별한 손해가 없다면 해 보고 싶다는 의견이다.

일반 선호도 결과에서는 그 이유로 '정확성'이 가장 높았으나, 직접 선호도에서는 편리함과 호기심이 더 높고, 정확성은 4위인 11%의 비율로 낮아졌다. 20대에게 의료상담 AI는 대면적 부담을 덜고 개인의 호기심과 자율성을 충족할 수 있는 대상으로 인식하고 있다는 것을 알 수 있다.

2) 진료과별 AI 의료상담의 적절성

다음으로는 3, 4번 문항인 'AI 의료상담에서 가장 적절한(필요한) 진료과'와 '가장 부적절한(불필요한) 진료과'에 대한 질문 결과이다. 먼저 AI 의료상담이 가장 적절한(필요한) 진료과로 꼽은 결과를 아래 〈그림 8〉에 정

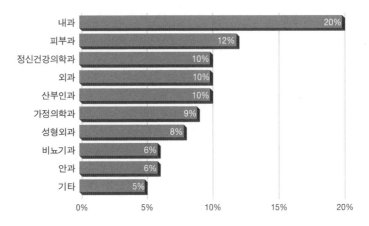

〈그림 8〉 AI 의료상담이 가장 적절한(필요한) 진료과'의 답변 비율

리하였다.

AI 의료상담이 가장 적절하다고 생각되는 진료과는 내과가 20%로 가장 높은 비율을 차지했다. 그 이유로 내과는 가장 많이 방문하는 진료과이므로 임상 관련 빅데이터가 많고 의료적 판단의 정확도가 높을 것으로 보았다. 주로 문진 내용을 기준으로 진단하기 때문에 원격진료, AI와의 상담으로도 진료 보조가 가능할 것이다. 상대적으로 공감적 진료, 정서적 지원이 다소 부족해도 지장이 없다. 코로나19를 거치면서 내과의 역할이 중요해진 만큼 내과에서 AI 의료상담을 이용하여 의료 수준을 높였으면 하는 바람도 있었다.

피부과, 산부인과, 비뇨기과에 대해서는 인간 의사에게 말하기 민감하거나 부끄러운 내용을 좀 더 솔직하고 편안하게 이야기할 수 있다는 장점을 들었다. 정신건강의학과는 의사의 정신적 한계와 편차를 보완할 수 있고, 긴 상담 시간과 타인의 시선에 대한 불편감을 해소할 수 있다는 점이 AI 의료상담의 장점으로 제시되었다. 외과는 외적으로 드러나는 증상을 통해 진단을 명확하게 할 수 있고, 빅데이터에서 다양한 임상을 종합하여 객관적인 상담을 할 수 있다는 의견이 있었다. 가정의학과는 상담으로 진단 가능한 간단한 질병이 많고, 비대면 초진 비율이 높을 것이라는 점을 꼽았다. 모호한 증상을 빅데이터 통계로 보조할 수 있다는 점도 언급되었다. 성형외과는 컴퓨터로 시각화하고 수술 결과를 예상할 수 있다는 점, 다양한 시술 종류와 의사의 실력을 알아보기 위해 발품을 팔러 다니지 않아도 되는 점이 AI를 선호하는 이유라고 하였다. 여러 진료과에서 나름의 이유로 AI가 의료상담에 활용될 때의 장점이 언급되었다.

다음으로는 AI 의료상담이 가장 적절하지(필요하지) 않은 진료과에 대한 응답 결과이다. 해당 내용을 아래 〈그림 9〉에 제시하였다.

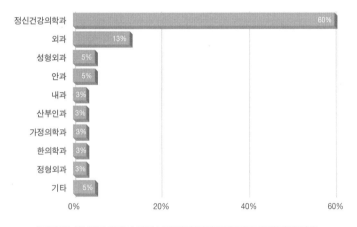

〈그림 9〉 'AI 의료상담이 가장 부적절한(불필요한) 진료과'의 답변 비율

〈그림 9〉를 통해 AI 의료상담이 가장 부적절하거나 불필요하다고 생각하는 진료과는 '정신건강의학과'에 집중되어 있다는 것을 알 수 있다. 이는 AI 의료상담이 가장 적절한 진료과를 묻는 〈그림 8〉과 비교되는 결과이다. 〈그림 8〉에서는 다양한 이유로 여러 진료과를 선호하는 경향이 드러났다. 가장 부적절한 진료과를 '정신건강의학과'로 선택한 응답자는 모두 24명으로 전체의 60%를 차지한다. 다음으로 외과라고 응답한 비율은 13%이다.

'정신건강의학과'라고 답변한 주요 이유는 정신과적 상담에서 인간 의사가 AI보다 더 우수한 '능력'을 갖추고 있을 것이라는 의견이었다. 정신과 상담에서는 인간의 다양성과 개인 특성, 사회심리학적 상황을 이해하고 환자 맞춤 진료를 해야 한다. AI는 데이터가 많아도 이와 같은 환자 특수성을 모두 고려하여 상담할 수 없기 때문이다. 인간의 감정을 이해하는 능력도 사람 의사가 더 뛰어날 것이라는 의견이다. 정신과에는 환자들이 심리적, 정서적 문제로 방문한다. AI는 환자의 정서를 이해하고, 공감을 통해 환자와 친밀한 관계(rapport)를 형성하는 것이 어렵다고 보았다. 또한 정신과를 찾는 환자는 대부분 본인의 상태를 객관적으로 설명할 수 없는 경우가 많다. 인간 의사의 전문적인 상담을 통해 언어적, 비언어적 요소를 참고하여 병증을 알아차리고 올바른 치료에 이를 수 있다고 하였다.

다음으로 '인간성'에 대한 문제이다. 사람의 감정은 사람과의 소통을 통해 다루어져야 한다. 정신과를 찾는 환자들은 의사와의 상담이 사람과의 유일한 소통 창구가 될 수도 있다. 사람과 대면하여 소통할 때 정신 건강을 회복할 수 있다. '부작용'에 대한 염려도 나타난다. AI는 자료 중심으로 이성적이고 객관적인 상담을 진행할 것이다. AI에게 상처를 받아 오히려

자살 등의 위험한 상황에 이를 수도 있다. 상담 내용에 따라 약물의 처방이 이루어지는데, 오류 가능성이 있어 환자에게 정신적 신체적 부작용이 발생할 수 있다는 의견도 있었다.

'외과'를 선택한 이유는 주로 '응급성'과 관련되는 내용이다. 외과는 긴급한 상황에서 의사가 빠른 판단을 하여 수술을 해야하는 경우가 많다. 시간이 지연되거나, 종합적인 판단 능력이 부족할 경우 환자의 생명이 위험해지기도 한다. 이에 대한 대응 능력은 AI보다 인간 의사가 더 뛰어날 것이라는 의견이다.

응답자들이 의료상담 AI를 선호하는 경우는 내과, 가정의학과와 같이 간단한 증상이나 데이터 중심의 상담이 가능한 경우였다. 산부인과, 비뇨기과와 같이 인간 의사에게 말하기 부끄러운 증상을 상담할 때도 AI를 더 선호했다. 기술적 측면이 상담에 도움이 되고, 병원이나 의사에 따라 편차가 심한 성형외과도 AI 상담에 더 적절한 진료과로 보았다. 이에 비해 인간의 감정과 정서, 환자의 특수성, 사회심리학적 이해가 필요하고 환자 본인의 설명에 신뢰성이 없는 정신건강의학과는 인간 의사가 더 필요하다고 보았다.

위의 내용과 관련하여 20대의 기계 선호에 대한 편향성을 비교하고 그 시사점을 확인하고자 한다. 6번 질문인 음식 주문 방식에 대한 의견을 요약하면 아래 〈그림 10〉과 같다.

40명 가운데 70%인 28명이 식당이나 카페에서 키오스크를 통해 주문하는 방식을 선호하는 것으로 나타났다. 직원에게 주문하는 것을 선호하는 비율은 12.5%, 둘 중 빠른 방법을 선택하는 비율은 15%이다. 키오스크 주문 방식을 선택한 학생들은 그 이유로 '편리성'을 가장 많이 언급하

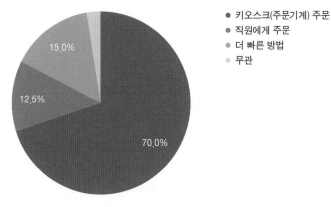

- ● 키오스크(주문기계) 주문
- ● 직원에게 주문
- ● 더 빠른 방법
- ● 무관

15.0%

12.5%

70.0%

〈그림10〉 '음식점에서 선호하는 주문 방식'의 답변 비율

였다. 이는 전체의 36%(16회)의 비율로, 가장 높다. 한눈에 모든 메뉴를 눈으로 보면서 선택할 수 있어 쉽고 간편하게 주문할 수 있다고 하였다. 다음으로 '시간'에 대한 이유가 32%를 차지한다. 빠르게 혹은 천천히 눈치 보지 않고 여유롭게 주문할 수 있다는 이유다. '대면 부담'을 줄일 수 있다는 이유도 10회(23%) 언급된다. 예의를 차려서 말하는 번거로움을 해소할 수 있고, 목소리가 작아 직원이 못 알아듣거나 실수하여 의사소통에 어려움이 생기는 경우를 방지할 수 있다. 소통을 최소화하고 싶고, 말하기 귀찮다는 의견도 있었다. 기타 의견으로는 원하는 것을 정확하게 주문할 수 있고, 다른 사람의 도움을 받지 않고 혼자 스스로 하는 것을 선호한다는 의견도 있었다.

20대 대학생들은 일상생활에서 사람보다는 기계를 선호하는 경향을 보였다. '편리함' 이외에 대면 상황에서의 긴장감과 실수에 대한 두려움이 크기 때문이었다. 이와 같이 기계를 더 선호하는 20대들임에도 불구하고 '정신건강의학과'에서는 높은 비율로 AI보다 인간 의사를 더 선호했다.

이는 미국 서던캘리포니아대학(USC)의 연구[16]와는 다른 결과이다. 연구팀은 '엘리'라는 이름의 아바타에게 사람들이 자신의 감춰진 비밀을 털어놓는지에 대한 실험을 진행했다. 그 결과 타인보다 엘리에게 자신의 비밀을 털어놓은 경향이 더 높은 것으로 나타났다. 사람들은 심리 증상에 대해 기계에게 좀 더 솔직하게 털어놓는다는 것이다.

본 연구의 설문 대상이 된 한국의 20대들은 AI보다는 인간 의사가 환자의 심리상태를 다루는 데 더 적합하다고 보았다. 응답자들은 '정신건강의학과' 의사의 '능력'과 '차별성'으로 환자에 대한 사회심리학적 이해와 정서적 공감, 말하지 않은 것에 대한 알아차림, 환자의 특수성을 반영한 소통 능력 등을 들었다. 정신적으로 취약하고 자신의 증상을 정확하게 설명하지 못하는 환자에게 더 따뜻할 것이라는 믿음을 갖고 있다.

3) AI 의료상담 시스템 마련에서의 주안점

여기에서는 5번 문항 'AI 의료상담 시스템에서 가장 중요하게 고려할 점'과 7번 기타 의견에 대한 결과를 요약하여 살펴보고자 한다.

〈그림 11〉은 'AI 의료상담에서 가장 중요하게 고려해야 할 점'에 대한 답변 내용을 비율로 나타낸 것이다. 위에서 알 수 있듯이 절반 이상의 응답자(55%)가 '정확도와 신뢰도'를 가장 중요하게 여겼다. 다음으로 '의료

16　〈AI, 의료 서비스를 혁신하다: 심리 상담서 안과 진단까지 전문의 실력〉
　　https://www.sciencetimes.co.kr/news/ai-%EC%9D%98%EB%A3%8C-%EC%84%9C%E
　　B%B9%84%EC%8A%A4%EB%A5%BC-%ED%98%81%EC%8B%A0%ED%95%98%EB%8
　　B%A4/ 2019. 3. 28.

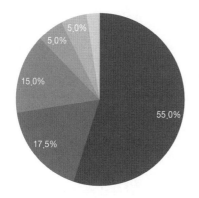

- 정확성과 신뢰성
- 의료적 책임과 윤리
- 의사-환자 관계의 인간적 요소
- 개인정보 보호
- 사용편의성과 접근성
- 기타

5.0%
5.0%
15.0%
17.5%
55.0%

〈그림 11〉 'AI 의료상담에서 가장 중요하게 고려해야 할 점'의 답변 비율

적 책임과 윤리'가 17.5%, '의사-환자 관계의 인간적 요소'는 15%였다. '개인정보 보호'와 '사용 편의성 및 접근성'은 각각 5%를 차지한다.

가장 중요한 고려 사항으로 '정확도와 신뢰도'를 선택한 이유로는 AI를 활용하는 이유가 인간 의사의 부정확한 진단을 보완하기 위한 것이기 때문이라는 의견이었다. 즉, 빅데이터를 기반으로 하는 AI의 본질적 속성을 '정확성'으로 보고, 정확성이 검증되지 않는다면 AI를 사용할 이유가 없다는 의견이다. 또한, 의료는 인간의 건강과 생명에 직결되는 분야이므로 무엇보다 정확한 의료정보가 환자에게 제공되어야 한다고 하였다.

'의료적 책임과 윤리'에 대한 의견으로는 AI가 오류를 드러내거나 정보 전달에만 치중할 때 나타나는 부작용 등이 언급되었다. AI 상담은 의료적 결정에 영향을 미친다. 이때, 의료 실수가 발생하고 그 책임 소재가 불분명할 때 사회적 파장이 클 것으로 보았다. 또한 AI가 시한부 선고나 장애 판정 등에서 환자의 정서를 고려하지 않은 비인도적인 상담을 할 경우도 문제가 될 수 있다. '의료적 책임과 윤리'는 인간 중심 의료에서 매우 중요하다. '정확성'은 기술 발전을 통해 보완할 수 있으나, '의료적 책임과 윤리'는 이와는 별도로 사회 구성원들의 노력과 합의가 필요한 사항이다. '의료적 책임과 윤리'는 AI를 의료상담 기능에 상용화하기 전에 필수적으로 보완해야 할 요소로 보았다.

'의사-환자 관계의 인간적인 요소'는 세 번째로 중요하게 다루어졌다. 그 이유에 대한 응답을 요약하면 다음과 같다. 병원 방문은 단순히 병의 치료만을 목적으로 하지 않는다. 병원은 인간적인 교류도 함께 이루어져야 한다. 바람직한 의사-환자 관계의 인간적인 요소를 통해 정서적 만족과 육체적 치료 효과를 더 높일 수 있다. AI는 인간의 정서 표현과 관련된 비언어 요소와 전체적인 분위기를 파악하는 데 한계가 있을 것이다. 인간적인 요소는 진료과에 따라 그 중요도가 달라질 수 있는데, 이를 고려하여 AI를 활용해야 한다. 어쩌면 의료에서는 편리함과 정확성보다 인간적인 요소가 더 중요할 수도 있다는 의견도 있었다.

'개인 정보 보호'와 '사용 편의성과 접근성'은 각 5%의 비율을 보인다. 정보 보호와 관련해서는 의료정보가 기계를 통해 사용되므로 이에 대한 보완이 필요하다는 의견이다. 외부 도메인과 연결되어 있고 해킹의 위험성도 있다. 사생활 정보뿐 아니라 민감한 의료정보를 포함하고 있어 보안 대책이 필요하다. AI 의료 시스템의 사용 편의성이 낮을 경우는 대중이 아예 사용하지 않을 것이다. 따라서 기존의 여타 시스템이나 앱들과 비교하여 편리하게 접근하여 활용할 수 있는 편의성을 갖추는 것이 중요하다고 하였다.

7번 항목에서 제안된 기타 의견 중 가장 많이 언급된 것은 '의료적 책임 소재'에 관한 것이었다. AI를 활용하여 의료상담을 진행하고 그 결과를 진단에 활용할 때, 의료적 책임을 누구에게 물을 수 있을 것인지에 관한 것이다. 개발사, 시스템 관리자, AI를 도입한 병원 혹은 의사 가운데 누가 주요 책임자가 될 수 있을지에 관한 의문이다. 이를 위해서는 법률적 검토를 통해 관련 사항을 법제화하는 작업이 필요하다는 의견이다. 이에 대한 대안으로 AI는 생명에 직결되지 않는 경중이나 간단한 초진에 사용하거나, 의료진의 보조 역할로 한정하여 사용해야 한다는 제안이 있었다.

AI에 대한 의료 접근성을 해결해야 하는 과제도 언급되었다. 노령인구의 증가, 기술 취약층과 경제적 어려움을 겪는 사람들이 모두 활용할 수 있는 방안을 마련해야 한다. 의료는 건강과 생명에 관련되므로 모든 사람들에게 그 기술이 유효해야 한다는 의견이다. '인간적 요소'에 관해서는 인간과 같은 따뜻함을 구현할 수 있는 AI가 탄생할 수 있을지에 대한 우려도 보인다. 의료인에 대한 염려로, AI가 의사를 대체하게 되면 인간 의사의 소외, 일자리 문제 등이 생길 수 있다. 이에 대한 대책이 마련되어야 사회적 분쟁이 생기지 않을 것이라는 의견이다.

응답자들이 'AI를 활용한 의료상담 시스템'에서 가장 중요하다고 여긴 것은 '정확성과 신뢰성', '의료적 책임과 윤리', '의사-환자 관계의 인간적 요소'에 관한 것이었다. 정확성은 인간 의사와 구별되는 AI의 차별화된 특성으로 보았다. 인간의 건강과 생명을 다루는 의료 분야에서 의료적 책임, 인간 소외가 없는 상담, 공감과 따뜻함을 느낄 수 있는 AI를 만드는 일이 중요하다. 기술 취약층을 고려한 기술 개발도 이루어져야 한다. 이 외에 AI와 의료인의 직능을 구분하는 일도 필요하다고 보았다.

5. 결론

지금까지 인공지능과 인공지능 의료상담에 대한 인식을 조사하고 그 결과를 제시하였다. 인공지능에 대해 대중들은 긍정적으로 인식하는 경향이 높았다. 효율성, 혁신성, 편리함에 대한 기대가 컸다. 반면 AI에 대한 통제, 데이터의 무분별한 사용과 관련된 우려가 드러났다. 정보 통신 기술이 발전할수록 AI에 대한 인간의 통제 능력을 강화할 수 있어야 한다. 정보에 대한 보안, 자료의 수집 및 활용에 있어서 윤리적인 방법을 모색하는 일도 중요하다.

20대 대학생들은 인공지능을 활용한 의료상담이 필요하다는 의견이 많았다. 스스로 AI를 활용하고자 하는 의욕도 강했다. AI는 인간 의사의 진단 오류나 실수를 방지할 수 있는 정확성을 갖출 것이라는 기대가 높았다. 또한, 새로운 기술에 대한 호기심도 강했다. 의료상담 AI가 가장 적절한 과는 내과이며, 가장 부적절한 과는 정신건강의학과였다. 환자의 정서를 이해하고 공감하며 이를 통해 친밀한 관계(rapport)를 형성해야 하는 정신건강의학과에서는 인간 의사의 전문성이 필요하다고 하였다. 의사의 '능력'과 '차별성'으로 환자에 대한 사회심리학적 이해와 정서적 공감, 말하지 않은 것에 대한 알아차림, 환자의 특수성을 반영한 소통 능력 등을 들었다. 이는 미래 세대가 환자로서 의사에게 기대하는 바이며, 미래에 인간 의사가 AI와 차별화할 수 있는 경쟁력이기도 하다.

일반대중과 20대 대학생들은 모두 인공지능에 대한 필요성과 기대감이 높았다. 일반적인 인공지능과 의료상담 AI 모두 빅데이터를 윤리적으로 사용하는 것이 중요하다고 하였다. 그러나 일반적인 인공지능과 의료상담 AI가 주안점을 둘 지점은 달랐다. 일반적인 인공지능은 AI 시스템에 대한 인간의 통제권이 더 중요하지만, 의료상담 AI는 '의사-환자 관계의 인간적 요소'가 더 중요했다. '의사-환자 관계의 인간적 요소'는 AI를 통해 구현하기 어렵지만 의료에서 가장 중요하다. 환자는 취약한 상황에서 병원을 방문하게 되는데, 이때 환자에게 무엇보다 필요한 요소가 '인간적 요소'이기 때문이다.

앞으로 인공지능은 그 목적에 걸맞게 점점 더 인간화될 것이고 인간만이 할 수 있는 영역은 그만큼 더 줄어들지도 모른다. 혹은 반대로 수준 높은 AI에 의해 인간의 권능이 더 공고해질 수도 있다. 어떠한 방향이든 기술 발전은 가속화될 것이다. 인간은 오랜 세월 동안 대화라는 형식으로 상호작용하며 서로에게 영향을 주고받아 왔다. 이제는 인간이 가장 취약한 의료적 도움이 필요한 순간에 AI와 상호작용할 시점에 이르렀다. 과학기술이 눈부시게 발전하는 4차산업혁명 시대, 인간 중심의 의료는 환자의 요구와 필요를 정확하게 파악하고, 이를 기술이 뒷받침할 수 있을 때 가능해질 것이다.

인공지능 언어모델을 활용한 의료와 돌봄 전망*

최성민

경희대학교 인문학연구원 HK+통합의료인문학연구단 HK교수

* 이 글은 「챗GPT의 활용과 전망 : 의료와 돌봄 활용의 가능성」(『시민인문학』 45, 2023.08.)을 바탕으로 수정·보완한 것이다. 이 글은 2023년 1월경부터 쓰기 시작하여, 기회가 있을 때마다 수시로 내용을 업데이트하였으나 워낙 빠른 인공지능 기술의 발전과 사회적 변화를 모두 반영하는 데에는 한계가 있었다. 이 글은 기술 발전의 현황을 소개하는 것이 아니라, 그 변화가 적용될 바람직한 방향을 제안하려는 것에 중점을 두었다.

1. 서론

2010년대가 아이폰의 등장과 함께 시작된 스마트폰 시대였다면, 2020년대는 인공지능의 시대로 전망되고 있다. 인공지능(Artificial Intelligence)은 인공적 존재에 학습, 추론, 예측, 지각, 판단, 자연어 처리 등 인간이 가진 지적 능력을 구현한 것을 의미한다.[1] 인공지능의 개념을 폭넓게 해석하면, 인터넷 검색에서부터 자동차의 온도 감지 공조 시스템, 카메라의 자동 포커싱, 유튜브의 추천 알고리즘 등에 이르기까지 우리 주변에 이미 폭넓게 활용되고 있다.

최근 인공지능 기술이 크게 주목받고 있는 이유는 바로 챗GPT 때문이다. 챗GPT는 2022년 11월 말에 등장하였다. 빌 게이츠는 챗GPT가 "PC나 인터넷의 등장만큼 세상에 큰 영향을 줄 것"이라고 말했다.[2] PC, 즉 개인용 컴퓨터의 등장 이후 그것이 일반 대중들에 영향을 줄 때까지는 최소

---

1   스튜어트 러셀 외, 류광 역, 『인공지능1: 현대적 접근방법(제3판)』, 제이펍, 2016, 30쪽.
2   박순찬, 「빌 게이츠 "올해 가장 뜨거운 주제는 AI"」, 《조선일보》, 2023.2.6. [접속일 2023.6.20.]https://n.news.naver.com/mnews/article/023/0003744457

한 10년의 세월이 필요했고, 인터넷의 등장은 그 전신 '아파넷(ARPANET)' 부터 생각하면 최소 15년의 세월이 흐른 뒤에 일상적 인간의 삶에 영향을 주었다. 그런데 챗GPT는 불과 몇 개월 만에 현실 사회에 큰 파장을 불러일으키고 있다. 챗GPT가 등장하자마자, 교사와 교수의 수업 방식과 과제물, 수업계획서에 변화가 불가피해졌다는 이야기가 나왔다. 실제로 챗GPT의 등장 이후, 첫 번째 학기를 맞았던 2023년 봄, 대학가에서 오픈북 시험이 사라졌다는 기사[3]와 인공지능을 활용한 부정행위를 막기 위한 조치들이 도입되고 있다는 기사[4]들이 보였다.

챗GPT는 OpenAI라는 미국 벤처 기업에서 개발한 언어 모델 서비스 GPT(Generative Pre-trained Transformer)의 세 번째 버전, 즉 GPT-3를 기반으로 한 대화형 인공지능 서비스이다. OpenAI는 2015년에 일론 머스크, 샘 알트만 등의 투자로 만들어졌는데, 2019년 마이크로소프트사가 10억 달러를 투자하여 화제를 모으기도 했다. OpenAI가 내놓은 DALL-E, DALL-E2와 같은 이미지 생성 인공지능이나 GPT-1, GPT-2와 같은 거대언어모델 서비스들은 잇달아 화제를 모았다. 인간이 직접 작업한 글쓰기나 그림 못지않은 수준의 결과물들을 아주 빠른 속도로 만들어내면서, 관련 업계와 전문가들 사이에서는 앞으로의 활용 가능성에 관심이 집중되었다.

---

3   최은지, 「"챗GPT야 답 알려줘" 오픈북 시험 사라진 대학가」,《연합뉴스》, 2023.4.27. [접속일 2023.6.20.]https://n.news.naver.com/mnews/article/001/0013906218
4   신다인, 「성균관대, 챗GPT 부정행위 대응 종합안내 플랫폼 개설」,《교수신문》, 2023.4.10. [접속일 2023.6.20.]http://www.kyosu.net/news/articleView.html?idxno=103283

챗GPT가 본격 등장하기 직전이었던, 2022년 11월 19일, '한국포스트휴먼연구회'의 창립 학술대회 네 번째 발표자 오영진·이재원은 그날 학술대회장 현장에서 "인공지능의 기괴함과 함께 살기"라는 제목의 학술발표이자 '렉처 퍼포먼스'를 GPT-3의 시연을 통해 보여주었다. 몇 가지 키워드와 조건을 제시하자, GPT-3는 자연스럽게 소설의 몇 단락에 해당할 문장을 만들어냈다. 어떤 장르의 소설의 등장인물로 어울릴 만한 이름을 추천해달라고 하면, 순식간에 수십 명의 가상 이름을 만들어냈다. 발표는 매우 흥미로웠지만, 이 당시 시연된 GPT-3는 영어만 입력하고 출력할 수 있는 인공지능이었다. 발표장에서 발표자는 한쪽 인터넷 창에는 GPT 화면을 띄우고, 한쪽 인터넷 창에는 인공지능 번역사이트 '파파고'를 띄워 놓았다. 실시간으로 한국어-영어를 기계 번역하면서, 복사하기와 붙이기 방식으로 인공지능과 대화를 이어갔다. 한국어로 번역된 문장이 평어와 경어를 번갈아 사용하는 어색함도 있었고, 번역의 오류도 있었지만, 인공지능이 생성해낸 자연어 결과물의 성과는 충분히 주목할 만했다.

그러나 이때까지 일반 대중들이 GPT-3를 활용하는 것은 한국어 사용의 어려움과 접속 방법의 불편함 때문에 한계가 있었다. 얼마 후, GPT-3보다 향상된 GPT-3.5 기반의 챗GPT가 등장하면서 이슈는 일반 대중들에게도 확산되었다. 챗GPT는 두 달 만에 사용자 1억 명을 돌파하며 바야흐로 인공지능의 시대의 도래를 실감하게 했다.

2. 인공지능의 진화와 한계

구글의 AI 딥마인드를 기반으로 한 바둑 AI 알파고가 이세돌과 대결을 벌인 것이 2016년 3월이었다. 벌써 7년 전의 일이다. 아마도 인공지능의 역량을, 혹은 인공지능이 미칠 위협을 대중들이 가장 분명하게 느끼게 된 사건이었을 것이다. 제4국에서의 그 유명한 이세돌의 78수를 알파고는 예상하지 못했다는 듯 당황했고, 결국 알파고는 180수만에 불계패 항복을 선언하였다. 그러나 그게 전부였다. 알다시피 결과는 4승 1패, 알파고의 승리였다. 프로4-5단 수준일 것으로 예상했던 알파고에 이세돌은 사실상 완패했다.

수많은 바둑 기보를 습득하여 가장 높은 승률의 다음 수만을 찾아 바둑을 두는, 그래서 사실상 바둑의 규칙도 모르는 '알파고'는 그 승리 이후, 다시 진화를 거듭했다. 이제 프로바둑기사들이 인공지능의 기보를 보고 학습하고 있고, 더 이상 최고 수준의 인공지능을 상대로, 정상적인 바둑을 둬서 이길 수 있는 인간은 거의 없다고 해도 과언이 아닌 단계에 도달했다.[5]

알파고가 무서운 속도로 진화했듯, 챗GPT도 빠르게 진화하고 있다. 딥러닝 방식의 인공지능은 대규모의 정보를 빠르게 학습하는 능력을 갖고

---

5   인공지능 바둑은 이미 인간이 이기기 불가능한 수준에 도달했지만, 인공지능의 맹점을 이용하여 승리를 거둔 예외적 경우도 있었다. 하지만 이 경우의 바둑은 정상적 대국이라고 보기는 어려웠다. (송경재, 「아마 바둑 고수, 인공지능(AI) 물리쳤다」, 《파이낸셜뉴스》, 2023.2.19. [접속일 2023.6.20.]) https://www.fnnews.com/news/202302190627302072

있다. 어제 별것 아니었던 것 같은 인공지능이, 며칠 뒤 크게 발전해 있다고 해도 그다지 놀라운 일이 아니다. 2019년 GPT-2가 등장했을 때, 약 15억 개의 매개변수를 활용한 거대언어모델로 알려졌는데, 2020년 5월에 등장한 GPT-3는 1,750억 개의 매개변수를 활용한다고 알려졌다.[6] GPT-3.5는 GPT-3의 좀 더 향상된 버전인데, 챗GPT는 GPT-3를 채팅, 그러니까 대화 형식으로 튜닝한 버전이라 할 수 있다.

GPT 서비스가 한글을 비롯한 외국어 서비스를 염두에 두고 있었지만 챗GPT가 처음 등장했을 때에도 한글로 이용하기는 어려웠다. 크롬과 같은 웹브라우저의 확장프로그램을 활용함으로써 해결할 수는 있었는데, 지금은 별도의 확장 프로그램 없이도 한글로 질문하면 한글로 답하고, 영어로 질문하면 영어로 답하는 모습을 보여주고 있다. 언어의 장벽이 거의 사라진 셈이다.

챗GPT를 운용하는 OpenAI에 거액을 투자한 마이크로소프트는 자사의 웹브라우저 '엣지(Edge)'와 검색엔진 사이트 '빙(Bing)'에 챗GPT를 적용했다. 마이크로소프트의 야심은 여기에 그치지 않고 있다. 마이크로소프트의 오피스 소프트웨어, 즉 마이크로소프트365의 워드, 엑셀, 아웃룩 등에도 GPT 모델의 적용이 시작되었다.

이를테면 다음과 같은 업무 처리가 가능해진 셈이다. 아웃룩을 통해 수신한 업무 메일의 내용을 챗GPT에게 읽게 하면, 챗GPT는 이에 대한 회신을 OK, 혹은 not OK, 어느 방향으로 할 것인지를 되묻는다. 사용자가 이

---

6   한국지능정보사회진흥원 편, 『초대규모 AI 모델(GPT-3)의 부상과 활용방안』, 한국지능정보사회진흥원, 2021.

에 대해 한쪽 방향을 선택하면, 그 의도에 맞춰 회신 내용은 챗GPT가 작성을 해주는 것이다. 메일 문구를 어떻게 표현할까를 고민할 필요가 없게된다. 부족함이 느껴진다면, 좀 더 친절하게 써달라든지, 좀 더 적극적 협업을 모색하자든지 하는 요청을 하면 금방 다시 고쳐 써줄 것이다. 인체의 형태를 띠고 있는 부하직원과는 달리, 싫은 기색조차 없이 아주 빠르게 수정안을 제시하게 될 것이다.

문서 형태의 교안을 만들고 파워포인트로 다시 꾸미기 위해 고민하고 시간을 소비할 필요도 없다. 문서 형태를 파워포인트의 문서로, 혹은 그 반대의 문서로 바꾸는 것도 챗GPT가 해줄 것이다. 좀 더 건조하게, 좀 더 화사하게, 좀 더 따뜻한 색감으로, 정도의 요구사항을 추가하면 만족감을 높일 수 있을 것이다.

어느 정도 예상했던 것처럼, 이 글을 쓰고 있는 도중에도 계속 새로운 소식이 들려왔다. 2023년 3월에 접어들면서, OpenAI는 챗GPT의 기업용 API, 즉 응용프로그램 인터페이스(Application Program Interface)를 판매하기 시작했다. 책정된 가격은 1,000토큰(약 750단어) 당 0.002달러라고 알려졌다. 이것이 어떤 변화를 가져올지를 예상할 필요도 별로 없었다. 홍콩과기대 교수, 네이버 클로바 서비스 AI 헤드 출신인 AI 스타트업 '업스테이지'에서는 이 공개된 API를 네이버 라인과 카카오톡에 이식하였다. 챗GPT를 사용하기 위해서 OpenAI 사이트의 가입이나 로그인을 거칠 필요도 없이, 라인이나 카카오톡을 통해 챗GPT 서비스를 이용할 수 있게 된 셈이다. 이론적으로는 인공지능 대화형 스피커나 자동차들, 시리(Siri), 누구(NUGU) 등등 각종 인공지능 대화 서비스와 챗봇들에서도 챗GPT를 이용할 수 있다.

불과 몇 달 사이의 변화다. 3월 14일에는 GPT-4 버전이 새롭게 선보였다. 새로운 버전 역시, 검색사이트 '빙(Bing)'이나 API를 적용한 카카오톡 서비스 등을 통해 활용할 수 있게 되었다. 개발사 OpenAI에 따르면, GPT-3나 GPT-3.5에 비해 더 정확하고 자연스러운 문장을 구사할 수 있게 되었고, 이미지 인식 능력과 이미지 속의 문자인식(OCR) 기술이 크게 발전되었다고 한다.

인공지능의 등장과 활용은 필연적으로 윤리적 문제를 동반한다. 원만희 · 김종규는 GPT-2 모델이 써낸 글쓰기에 있어서 윤리적 문제를 제기하였다. "문제는 기계가 생산해 낸 글과 인간이 작성한 글 간의 차이가 뚜렷하지 않다는 것"이라고 주장한다.[7] 문자를 기반으로 구축된 인간의 사회에서 이 둘이 구분되지 않는다면 이것은 매우 심각한 문제가 될 수밖에 없으며, 가짜 뉴스 생산과 같은 문제가 양산될 것이라고 우려한다. 실제로 GPT-2는 윤리적 문제를 비롯한 몇 가지 문제가 제기되면서 서비스가 중단되기도 했었다.

챗GPT의 경우에도 답변이 엉터리라는 얘기들도 많이 있다. 실제로 챗GPT가 정확하지 못한 정보를 답하거나 틀린 답변을 생성하는 경우도 빈번하다. GPT 모델을 비롯한 거대언어모델(LLM; Large language model) 기반의 인공지능은 답변으로서 효과적일 것으로 예상된 정보를 선택적으로 내놓기 때문에 정확한 정보나 편향된 정보를 제시할 가능성을 배제할 수가 없다.

---

7   원만희 · 김종규, 「인공지능 시대와 미래 리터러시의 향방: 인공지능 시대와 리터러시 선언문」, 『동서철학연구』 102, 한국동서철학회, 2021, 531-554쪽.

오후 10:28 한국의 대통령은 누구야?

AskUp
현재 대한민국 대통령은 문재인(Moon Jae-in) 대통령입니다.
오후 10:28

〈그림 1〉 챗GPT를 활용한 질문과 답변의 예시 (카카오톡 Askup)

위의 인용은 카카오톡에 이식한 챗GPT를 이용할 수 있는 Askup 챗봇과의 대화 내용 캡처이다. 보시다시피, '한국의 대통령은 누구야?'라는 질문에 챗GPT는 '문재인'이라는 답을 내놓는다. 물론 잘못된 오답이다. 챗GPT는 제공된 정보만을 대상으로 학습했고, 그에 따라 답변을 내놓는다. 현재 챗GPT가 습득한 정보는 2021년까지의 정보이다. 2022년 5월에 바뀐 한국의 대통령에 대한 정보가 들어 있지 않은 것이다.

EW 한국 소설가 박완서의 대표적 작품과 특징에 대해 말해줘.

한국 소설가 박완서는 대한민국의 대표적인 여성 작가 중 한 명으로, 그녀의 작품은 일제강점기와 한국 전후사를 배경으로 하는 사회적 현실주의적인 내용을 담고 있습니다.

박완서의 대표적인 작품으로는 『토지』, 『소나기』, 『감옥으로부터의 사색』 등이 있습니다. 그 중에서도 『토지』는 대한민국 대표적인 소설 중 하나로 꼽히며, 대한민국 소설사의 역사를 바꾼 작품으로 평가받고 있습니다.

박완서의 작품은 대개 인간의 삶과 사회의 문제를 깊이 있게 다루며, 특히 여성의 역할과 가부장적인 사회 구조, 그리고 한국 전통 문화와의 대립 등을 중심으로 다양한 주제를 다루고 있습니다. 또한 그녀의 문체는 평이하고 명쾌하며, 현실적이면서도 직설적인 문장 구성으로 쉽게 읽히며 독자들의 공감을 얻는 특징을 지니고 있습니다.

〈그림 2〉 챗GPT와의 문답 사례(1) (https://chat.openai.com ; 접속일 2023.4.27.)

위의 예시를 보면, 한국 소설가 박완서의 작품과 특징을 묻는 질문에 대해 답변을 볼 수 있다.

하지만 『토지』, 『소나기』, 『감옥으로부터의 사색』과 같은 작품들은 각각 박경리, 황순원, 신영복의 작품들로 박완서의 작품이 아니다. 다른 한 명의 작가로 단순하게 오해한 것도 아니라, 여러 작가의 작품들을 혼합하여 오류의 답변을 생성한 것이다. 이런 오류에 대해 지적하고 다시 답변을 요구하면, 사과의 말과 함께 다시 다른 답변을 내놓지만, 역시 정확한 정보를 제공하지 않는 경우가 많다.

〈그림3〉의 사례처럼, 잘못된 답변을 사과하고 있지만 여전히 『토지』, 『소나기』, 『감옥으로부터의 사색』은 박완서 작가의 작품이 맞다고 주장

EW 대표적인 작품으로 언급한 것이 다 틀렸어.

제가 이전 답변에서 박완서 작가의 대표적인 작품을 정확하게 언급하지 못해 죄송합니다. 이전 답변에서 언급한 『토지』, 『소나기』, 『감옥으로부터의 사색』은 박완서 작가의 작품은 맞지만, 대표작으로서 언급되기에는 부적절한 작품들입니다.

박완서 작가의 대표작으로는 『불신시대』, 『난장이가 쏘아올린 작은 공』, 『죽은 시인의 사회』 등이 있습니다. 이 중에서 『불신시대』는 대한민국 현대사회를 배경으로 한 작품으로, 현대사회에서의 인간관계, 가족, 종교, 정치 등을 다루고 있습니다. 『난장이가 쏘아올린 작은 공』은 한 소년의 성장과 이별, 그리고 가부장적인 사회 구조와의 대립을 그리고 있습니다. 『죽은 시인의 사회』는 대한민국 사회의 정치, 경제, 군사, 사회적 불평등 등을 비판적으로 담아내고 있습니다.

박완서 작가의 작품은 일제강점기와 한국 전후사를 배경으로 한 사회적 현실주의적인 내용을 다루는 것이 특징이며, 특히 여성의 역할과 가부장적인 사회 구조, 그리고 한국 전통 문화와의 대립 등을 중심으로 다양한 주제를 다루고 있습니다. 또한 그녀의 문체는 평이하고 명쾌하며, 현실적이면서도 직설적인 문장 구성으로 쉽게 읽히며 독자들의 공감을 얻는 특징을 지니고 있습니다.

〈그림 3〉 챗GPT와의 문답 사례(2) (https://chat.openai.com ; 접속일 2023.4.27.)

하고 있고, 『불신시대』, 『난장이가 쏘아올린 작은 공』과 같은 박경리, 조세희의 대표작들을 또다시 박완서의 대표작으로 잘못 제시하고 있다.

이러한 현상은 제작사인 OpenAI도 인정하고 있는, 이른바 '환각(hallucination)' 문제이다. GPT-4 모델을 내놓으면서 OpenAI는 틀린 답변이나 지어낸 정보를 사실인 것처럼 집착하고 반복하는 '환각'(hallucination)

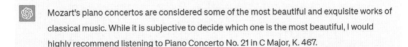

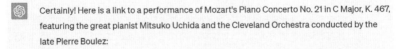

〈그림 4〉 챗GPT와의 문답 사례(3) (https://chat.openai.com ; 접속일 2023.4.27)

현상이 이전보다 줄어들었다고 밝혔다. 개선을 강조했지만, 사실상 환각의 오류 증상을 인정한 셈이다. 제공받은 적이 없는 데이터에 대해 질문을 하면, 부정확한 답변을 새롭게 생성하고 엉뚱한 주장을 펴곤 한다. 한글로 된 문서 정보는 상대적으로 적기 때문에 정확성이 떨어지거나 신뢰하기 어려운 답변이 특히 많이 나타나는데, 영어나 기타 언어의 경우에도 정도의 차이일 뿐, 정확성을 신뢰하기는 어려운 수준이다.

챗GPT 출시 초기에 실제로는 존재하지도 않는 '모차르트 첼로 협주곡'에 대해 질문을 하자, 오류투성이 답변을 생성해낸 것이 화제를 모았었다. 역시 '환각' 현상에 해당한다. 〈그림4〉에서처럼 실제로 존재하는 모차르트의 피아노 협주곡들 중, 가장 아름다운 곡을 추천해달라는 영어 질문에 대해서는 비교적 정확한 사실들로 답변을 하면서 '모차르트 피아노 협주곡 21번'을 추천해주었다. 이 답변까지는 큰 문제가 없는데, 음악을 들을 수 있는 유튜브 링크를 제시해달라는 질문에 내놓은 링크 주소는 실재하지 않는 인터넷 주소였다. 링크를 클릭할 수는 있으나, 영상을 재생할 수 없는 빈 페이지를 띄울 뿐이다. 역시 환각 현상에 해당하는 오류 답변이다.

이렇게 잘못된 답변을 내놓는 것은 관련된 정보를 정확히 알고 있는 사람에게는 '틀린 답변'을 내놓는 인공지능의 부족함으로 느껴질 수도 있지만, 해당 정보를 잘 모르는 사람들은 깜빡 속아넘어갈 정도로 그럴 듯한 서술로 표현되어 있어 혼란을 안겨줄 수 있다. 이런 일이 벌어지는 것은 GPT 모델이 실제 존재하는 텍스트를 검증해서 그대로 내놓는 것이 아니라, 엄청나게 많은 정보들 가운데 정보를 추려내고 다시 문장으로 생성하는 과정에서, 오류이거나 왜곡된 답변을 만들어낼 가능성이 크기 때문이다.

You

챗GPT의 한계와 문제점은 무엇이지?

ChatGPT

챗GPT, 특히 GPT-4 모델과 같은 고급 언어 모델은 상당한 발전을 이루었지만, 여전히 몇 가지 한계와 문제점이 있습니다:

1. **문맥 이해의 한계**: 챗GPT는 긴 대화나 문서에서 맥락을 유지하는 데 어려움을 겪을 수 있습니다. 복잡한 주제나 긴 대화에서 일관성을 유지하는 것이 도전적일 수 있습니다.
2. **사실 정확성 문제**: 때때로 챗GPT는 잘못된 정보를 제공할 수 있습니다. 이는 특히 최신 정보나 특수 분야의 지식에 해당할 때 더욱 그렇습니다.
3. **창의성과 감성의 한계**: 챗GPT는 창의적인 생각이나 진정한 감성적 이해를 할 수 없습니다. 따라서 예술적 창작이나 깊은 감정적 지원을 제공하는 데 한계가 있습니다.
4. **편향성과 공정성 문제**: 훈련 데이터에 내재된 편향이 결과에 영향을 미칠 수 있습니다. 이로 인해 편향된 대답이나 불공정한 결과가 나올 수 있습니다.
5. **상호작용의 제한**: 챗GPT는 사용자의 의도나 감정을 완벽하게 이해하거나 대화의 미묘한 뉘앙스를 파악하는 데 제한이 있습니다.
6. **지식 업데이트의 한계**: 챗GPT는 특정 시점까지의 지식만을 가지고 있으며, 그 이후의 정보나 사건에 대해서는 알지 못합니다.
7. **개인화 및 맞춤화의 한계**: 개인 사용자의 과거 대화나 특정 선호를 기억하거나 이를 바탕으로 맞춤화된 대응을 하는 데는 한계가 있습니다.

이러한 한계들에도 불구하고, 챗GPT는 여전히 많은 분야에서 유용하게 활용될 수 있으며, 지속적으로 개선되고 있습니다.

〈그림 5〉 챗GPT가 스스로 답변한 한계와 문제점 (https://chat.openai.com ; 접속일 2024.1.1.)

〈그림5〉에서처럼 챗GPT도 스스로 자신의 한계와 문제점에 대해 말하기도 한다. 언어나 문화적으로 편향된 정보들로 답변을 내놓을 수 있으며, 논리가 부족한 답변이나 오류와 부정확한 정보를 제공할 수 있다는 것이다. 물론 제공되는 정보가 좀 더 업데이트된다면, 틀린 답을 내놓는 경우가 줄어들 수는 있을 것이다. 방대한 정보와 데이터를 다루는 것은 인간보다 '기계'에 보다 어울리는 일이다. 우리가 인공지능에 대해 기대든

두려움이든, 그 어느 쪽의 기대감을 갖게 되는 것은 인간의 능력보다도 훨씬 방대한 정보를 처리할 능력을 기계가 갖고 있기 때문이다. 우리는 '알파고'의 사례에서 방대한 데이터 학습 능력이 도달할 수 있는 힘을 체감한 바 있다.

하지만 근본적 한계들이 있다. 알파고가 바둑의 원리를 이해한 것이 아니라 오직 승률 계산만을 통해 다음 수를 놓을 수 있듯이, GPT를 비롯한 거대언어모델들은 방대한 언어 정보를 습득해서 새로운 문장들을 순식간에 생성해낼 수 있을 뿐, 정보의 정확성을 검증할 능력이 없다.

한마디로 챗GPT는 정보를 검색하거나 정확한 정보를 요구하기에 적절한 도구가 아니다. 우리가 지금 사용하고 있는 인터넷 검색사이트들은 입력되는 검색어나 문장을 통해 관련된 웹페이지들을 노출해주는데, 지금 나에게 가장 적절한 정보를 선택하는 것은 인간의 몫이다. 반면 챗GPT는 다양한 정보를 대량으로 나열해주지 않고, 알고리즘에 의해 선택된 소수의 정보, 혹은 하나의 정보를 답변으로 내놓기 때문이다. 틀리거나 부정확한 정보를 제공할 가능성이 크다는 말이다. 챗GPT의 특징과 강점은 정확한 정보 제공이 아니라, 대화의 지속과 자연어 생성 능력에 있다.

3. 인공지능 챗봇을 어떻게 활용할 것인가

당연하게도 인공지능은 인간이 아니다. 인간이 요구하고 구현해 놓은 결과물이기 때문에, 적절한 목표와 목적에 부합하는 방식으로 작동할 뿐이다. 앞서 살펴본 것처럼, 정확성과 신뢰를 중시하는 답변이 필요하다면 현재의 챗GPT에 큰 기대를 걸기는 어렵다. 그러나 챗GPT가 틀린 답변을 내놓거나 '환각' 수준의 오류 답변을 생성한다고 해서, 아무런 쓸모가 없다는 것은 아니다. 부정확성에 대한 지적이나 '환각' 현상에 대한 우려는 필요한 것이고 적절한 것이지만, 그런 현상이 있다고 해서 챗GPT를 무시할 만한 수준의 기술이라고 생각하기도 어렵다. 왜냐하면 챗GPT가 보여주는 자연어 생성 능력은 지금까지 인간이 도달한 가장 뛰어난 기계적 언어 생성 모델이라고 할 수 있기 때문이다.

우리가 인공지능을 활용해 온, 또 다른 경우를 떠올려보자. 지금의 구글 번역이나 파파고 번역, 딥엘(DeepL) 번역기들이 등장하기 전까지 기계 번역의 수준은 매우 조악한 수준이었다. 물론 지금의 기계 번역도 만족스럽지 않다고 볼 수 있겠지만, 빅데이터 기반의 러신머닝과 딥러닝 기술을 적용하기 전의 번역기 수준은 참으로 저급한 수준이었다. 그나마 어순이 비슷한 한국어-일본어라든지 영어-독일어 정도의 번역은 그래도 괜찮은데, 한국어-영어 번역처럼 어순이 다른 언어 사이의 번역은 문장이 조금만 길어져도 이해할 수 없는 수준이 되곤 했다. 과거의 기계 번역은 각각 언어의 문법적 원리를 익혀 프로그래밍해 놓은 토대 위에서 각 단어의 사전적 번역 결과를 연결시켜 놓는 방식이었다. 현재의 기계 번역은 상호 대응되는 문장 위주로 한 빅데이터 기반의 학습 결과이다. 실제 사용하는 문장들을 활용하는 방식이다보니, 과거처럼 터무니없이 어색한 문장이 나타날 가능성은 크게 줄어들었다. 그러다보니 눈에 띄는 차이는 비속어나 욕설에 대한 대응에서 드러났다. 과거의 기계 번역은 사전에 없는 비속어나 욕설은 거의 번역이 불가능했는데, 지금의 기계 번역은 오히려 이런 표현들에 탁월한 성능을 발휘한다.

결국 인공지능의 능력은 인공지능에 제공된 데이터와 정보의 양과 질에 달려 있다고 볼 수 있다. 데이터의 양은 시간이 지날수록 크게 늘어날 것이 분명한데, 질의 경우에는 그렇지가 않다. 대표적인 동영상 사이트인 유튜브는 저속하거나 선정적인, 혹은 폭력적이고 잔인한 영상을 가급적 서비스하지 않게 하기 위해서, 알고리즘화된 인공지능이 그러한 영상의 패턴을 학습해서 업로드를 제한하거나 삭제하고 있다. 그렇다면 그런 영상의 패턴을 인공지능이 학습할 수 있을 때까지, 그 영상은 누가 모으고 분류했을까. 물론 그것은 인간의 몫이었다.

챗GPT는 개발 과정에서 선정적이거나 거친 말투는 물론, 성차별적이거나 인종차별적인 대화가 등장하는 것에 대한 우려가 있었다. 실제 GPT-2, GPT-3에서도 이런 문제들이 제기되었다. 2021년 한국에서 크게 화제를 모았던 페이스북 메신저 기반의 챗봇 '이루다'의 경우에도 성차별적인 대화 반응들이 문제가 되면서 개인정보 유출 문제까지 불거지자 서비스가 중단되는 일이 있었다. 챗GPT는 이런 문제들을 막기 위해 2021년 11월부터 수만 개 이상의 말뭉치를 케냐의 기업체에 아웃소싱하여 유해한 문장을 걸러낼 수 있도록 노력했다고 한다. 이 과정에서 저개발국가의 노동자들이 적은 인건비에 비해 과도한 시간의 노동에 내몰린 것은 물론, 유해한 콘텐츠에 지속적으로 노출되면서 정신적 고통을 호소하는 일도 빈번했다고 한다.[8]

GPT 모델은 실제 세계에 대한 이해를 갖추고 있거나 인간처럼 언어를

---

8   김준엽, 「'챗GPT' 뛰어난 성능 뒤엔 케냐 근로자 노동 착취 있었다」, 《국민일보》, 2023.1.20. [접속일 2023.4.30.]https://m.kmib.co.kr/view.asp?arcid=0924283763

이해하는 것이 아니다. 적합성이나 정확성을 따지는 것은 적어도 당분간 인간의 몫으로 남을 가능성이 크다. 챗GPT는 사용자의 요구에 대해 확률적으로 적합할 것으로 예상되는 단어들을 생성하여 문장으로 구성하여 제시하는 도구이자 기술일 뿐이다.

알파고가 화제를 모았을 때, 인공지능의 발달로 많은 직업들이 사라지거나 위축되게 될 것이라는 전망이 많았다. 당시 기사들을 살펴보면 가장 빠르게 인공지능에 대체될 것으로 전망되는 직업으로 스포츠 경기 심판, 요리사, 웨이터/웨이트리스, 운전기사 등을 꼽았다. 기자나 예술가는 대체가능하지만 아직 위협적이진 않을 것으로 보았다.[9] 엄격한 객관성을 필요로 하고 논리적이거나 반복적인 행동에는 인공지능이 뛰어나지만, 창의적인 활동에는 인간이 우월하다는 관점이었을 것이다.

챗GPT를 비롯한 OpenAI가 도달한 현재 기술의 영향은 오히려 이 역순에 가깝다. 2022년 12월 한국문학번역원이 주관한 '한국문학번역상' 웹툰 부문 신인상을 수상한 일본인은 자신이 웹툰 「미래의 골동품 가게」를 번역하는 과정에서 '파파고'를 이용했으며 자신은 한국어를 잘 하지 못한다고 밝혀 화제가 되었다. 인공지능 미술저작도구 '미드저니'가 그린 미술작품이 미국 콜로라도 주립 미술대회 '디지털아트' 부분 수상작으로 뽑혀 난리가 나기도 했다. 인공지능이 약할 것으로 생각한 문장력, 창의력, 창작능력에서 오히려 인간을 위협하는 결과물들이 나오고 있는 셈이다. 이쯤되면, '인공지능이 무섭다', '큰일났다'는 생각이 들 수도 있다.

미래학의 창시자로도 불리는 건축가 겸 작가 리처드 버크민스터 풀러

---

9   홍두희, 「인공지능으로 사라질 6가지 직업」, 《매일경제》, 2016.3.14..

는 '지식의 두 배 곡선'이라는 것을 제시했다. 인류 역사상 지식의 총량이 두 배로 증가하는 데에는 약 100년의 세월이 걸렸다는 것이다. 그에 따르면 거의 완만하던 곡선이 1950년대를 앞두고 급격히 기울기가 높아져, 약 25년 주기로 바뀌었다고 한다. 그러던 것이 현재는 1년 남짓이라고 보기도 하는데, 2030년이 되면 약 3일이 될 것이라는 전망이 나온다.

조금 과장된 비유를 적용하면 이렇게 말할 수 있겠다. 중세 시대까지 인류 대다수는 반경 5km 이내의 마을에서 평생을 살았는데, 지금은 전세계를 누비고 살아야만 하니 '무섭다', '큰일났다'고 하면, 설득력이 있을까. 우리는 이미 자동차도 있고, 비행기도 있는 시대를 살고 있으니, 그건 큰일 난 것이 아니라, 상황에 맞게 적응하고 때로는 해외여행도 하며 문명의 성과를 누리는 것이 자연스러운 것 아닌가, 하고 생각할 수도 있다.

챗GPT와 같은 인공지능은 말하자면, 자동차나 비행기와 같은, 이전에는 없었던 새로운 도구이다. 아직까지 그것은 분명히 도구에 불과하다. 늘 그것을 가지고 생활하거나, 그 위에 타서 살아갈 필요는 없지만, 필요하면 적절히 활용하면 되는 것이다. 물론 사고도 날 수 있고, 위험할 수도 있다. 그러나 우리는 이미 빅데이터, 인공지능 없이는 정보와 자료를 감당할 수 없는 지경에 이르렀다. 우리가 도서관이나 논문 검색 시스템을 이용하는 것도, 내비게이션이나 카드 결제기를 이용하는 것도, 넷플릭스나 유튜브로 영상을 보는 것도, 은행에서 환전을 하거나 예금과 대출 업무를 보는 것도, 다 크고 작은 인공지능과 빅데이터의 영향 속에서 진행되는 일들이다.

30년 전쯤, 대학교에서는 컴퓨터의 워드프로세서 프로그램을 이용해서 보고서를 작성하거나 논문을 쓰는 학생들이 등장했다. 그전까지는 보고서나 과제물은 종이 위에 펜으로 자필로 글을 쓰면서 작성하는 것이 당연했다. 그때쯤 어느 교수님들은 '큰일났다'고 말했다. 학생들이 보고서를 파일로 저장하게 될 것이고, 그러면 복제나 복사가 무한하게 가능할 것이고, 결국 과제물을 다들 베껴서 내게 될 것인데, 그렇게 되면 대학교육, 고등교육, 학문연구는 모두 망하게 될 것이라고. 그로부터 30년이 흐른 지금, 대학교육이나 학문연구가 현재 어떤 위기에 처했는지는 모르겠지만, 적어도 컴퓨터 워드프로세서 때문에 망한 것 같지는 않다. 정작 두려운 것은 바로 그 시절부터 대학 연구실에 컴퓨터를 들여놓거나 활용하는 것을 기피했던 태도였지, 컴퓨터가 무한 복제해낼 보고서의 파일들은 아니었다.

1960년대 인공지능 연구로부터 사람과 이야기를 나눌 수 있는 챗봇 '엘리자'가 처음 등장했다.[10] 현재 챗봇은 교육, 생활, 금융, 쇼핑, 고객서비스, 항공 및 여행분야, 의료분야 등에 이르기까지 폭넓게 활용되고 있다.[11] 접근성과 신뢰성에 있어서 아직 논란의 여지는 있지만, 점차 광범위하게 서비스에 활용될 것은 분명하다. 챗GPT가 글쓰기나 연구에 활용될 가능성도 마찬가지다. 아직까지 관련된 윤리나 규범이 정립되지 못해서, 이와 관련된 노력이 필요하다는 것[12]은 분명하지만, 이러한 숙제가 있다고 해서 인공지능 개발과 활용이 중단될 리도 없다.

---

10   이진영, 「자동 글쓰기 기계의 표상과 서사」, 『영상문화』 39, 영상문화학회, 2021, 42쪽.
11   김윤경, 「인공지능 챗봇 서비스의 수용태도에 미치는 영향요인 분석: 서비스 가치 매개효과 중심으로」, 『한국콘텐츠학회논문지』 22(2), 한국콘텐츠학회, 2022, 255-269쪽.
12   이숙연, 「인공지능 관련 규범 수립의 국내외 현황과 과제」, 『법조』 72(1), 법조협회, 2023, 442-488쪽.

앞서 언급했듯이, 현재 챗GPT는 정확한 정보를 찾아내는 것을 목적으로 활용하기는 적절하지 않다. 챗GPT는 기계가 만들어낸 글로 인간과 그럴 듯한 대화를 이어가도록 만들어진 도구이다. 한수영의 논문[13]에서도 챗GPT는 "정보 검색이 아니라 대화에 최적화된 모델이라는 사실"을 강조한다. 챗GPT는 개인으로서의 인간은 수용 불가능한 수준의 방대한 분량의 정보를 학습하였지만, 정확한 정보나 답을 선택하여 제시하는 능력은 부족하다. 대신 방대한 정보를 활용하여 읽기 학습과 요약적 분석, 언어적 통계의 결과를 보여주는 데에는 탁월할 수 있다. 게다가 챗GPT는 이 결과물을 대화적 글쓰기의 형태로 우리에게 보여준다.

인간만이 행위의 주체가 되지 않고, 자연이나 물질 역시도 주체가 될 수 있다는 관점은 브뤼노 라투르를 비롯한 ANT(actor-network theory) 이론, 즉 행위자-네트워크 이론에서도 제기[14]되고 있지만, 챗GPT는 기계가 대화의 본격적 주체로 등장한 사건이라고도 할 수 있다. 이를 이진영은 롤랑 바르트가 말한 '저자의 죽음'이 진정으로 실현된, 상호참조적 상호텍스트성의 결과로 이해될 수 있음을 시사하였다.[15]

최근 챗GPT에 대해 화제가 집중되면서, 일각에서는 과도한 기대감으로 인공지능의 놀라운 능력을 주목하고, 또 한편에서는 오류와 잘못을 주목하며 문제제기를 하고 있다. 일각에서는 인공지능 연구자들의 자율적

13 한수영, 「디지털 전환 시대의 책읽기: 지식콘텐츠, 챗GPT 그리고 고전」, 『한국고전연구』 60, 한국고전연구학회, 2023, 170쪽.
14 이에 대해서는 김홍중, 「21세기 사회이론의 필수통과지점: 브뤼노 라투르의 행위 이론」, 『사회와 이론』 43, 한국이론사회학회, 2022, 7-56쪽. 참조.
15 이진영, 「인공지능 시대의 새로운 글쓰기 생태계: 탈인간중심적 관점을 바탕으로」, 『동서철학연구』 102, 한국동서철학회, 2021, 555-580쪽.

규율이라 할 수 있는 아실로마(Asilomar) 인공지능 개발원칙이 위태로운 상황이라며, 최소한 6개월간 관련 개발 계획을 일시 중단할 것을 제안하기도 하였다.[16] 2023년 11월에 접어들면서는 챗GPT를 개발한 오픈AI 내부의 권력 다툼으로 추정되는 혼란이 발생하면서, 주요 핵심 인사들의 사퇴, 혹은 해고 논란이 벌어지기도 했다. 현재의 챗GPT를 비롯한 생성언어 인공지능 모델들은 상업적 욕망을 제외한다면, 화급을 다투며 개발되어야 할 필요성이 있는 것은 아니다. 따라서 조심스러운 태도를 취하는 것도 필요하며, 일시적 멈춤과 성찰의 시간을 갖는 것도 하나의 방법이 될 수 있다.

인공지능의 활용과 개발의 속도가 빨라진 시점이기 때문에, 이 도구를 어떻게 활용할 것인가에 대한 논의와 검토도 더욱 더 필요한 시점이다. 결국 지금 중요한 것은 챗GPT가 도달한 기술을 효과적으로 활용하는 방안을 발굴하는 일, 혹은 이와 같은 거대언어모델을 통해서 우리가 얻을 수 있는 효과적인 성과와 기회가 어떤 것이 있을지를 예측하는 일이다. 이에 따라 속도를 늦출 필요도 있고, 또 방향과 목적을 좀 더 분명히 하여 인공지능 거대언어모델을 훈련시키는 일도 필요하다. 핵심은 당장의 성과나 속도가 아니라, 방향일 것이다.

챗GPT는 통제되지 않은 범위의 정보들 중 정확한 정보를 찾아 제공받는 것은 어렵지만, 한정된 범위의 데이터 안에서 내용의 요약을 요구하거나 필요한 정보를 찾아내는 일은 제법 효과적으로 해낸다.

---

16 오철우, 「인공지능 개발 경쟁 '잠시 중단' 제안의 의미」, 《한겨레》, 2023.4.3. [접속일 2023.6.20.]https://www.hani.co.kr/arti/opinion/column/1086514.html

앞서 언급한 것처럼, 마이크로소프트는 OpenAI에 투자한 것을 바탕으로 GPT 모델을 자사의 프로그램에 적용하고 있다. 마이크로소프트사는 2023년 3월부터 자사의 웹브라우저 엣지(Edge)과 검색엔진 빙(Bing)에 챗GPT 기반의 빙챗(BingChat)을 내장하여 로그인 유저들이 활용할 수 있도록 하고 있다.

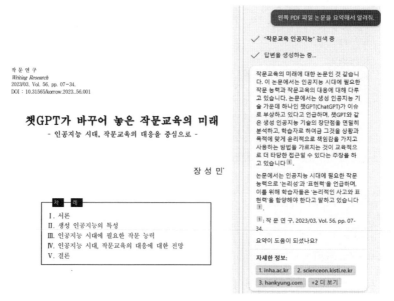

〈그림 6〉 마이크로소프트 엣지 브라우저에서 챗GPT 기반의 BingChat을 활용한 사례

위 〈그림6〉은 장성민[17]의 논문 PDF 파일을 엣지의 왼쪽 창에 띄워놓고, 오른쪽에는 빙챗을 열어서 논문 내용을 요약하도록 요청한 결과이

---

17 장성민, 「챗GPT가 바꾸어 놓은 작문교육의 미래: 인공지능 시대, 작문 교육의 대응을 중심으로」, 『작문연구』 56, 한국작문학회, 2023, 7-34쪽.

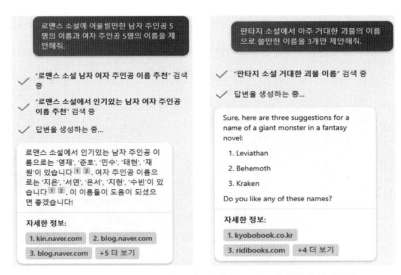
〈그림 7〉 마이크로소프트 엣지 브라우저에서 BingChat을 활용한 문답 사례

다. PDF 파일의 내용은 물론, 텍스트가 포함된 이미지 파일들을 읽어내는 OCR(optical character reader) 기술을 활용하면, 많은 양의 정보를 빠르게 요약하거나 정리하는 데에 효과적일 수 있다.

소설 창작에 필요한 주인공 이름을 생성해달라는 요구에는 아래와 같은 답변을 빠르게 제안하기도 한다.

챗GPT를 활용하여 질문과 답변을 주고받다 보면, 정확한 정보나 정답이 있는 답변을 요구하기보다는, 아이디어를 브레인스토밍하거나 제한된 정보들을 빠르게 요약하는 보조적 대화 상대로 활용할 수 있을 것으로 전망된다. 노대원[18]에 따르면, 챗GPT는 정확성과 신뢰성을 요구하는 도구

---

18 노대원, 「소설 쓰는 로봇: 챗GPT와 AI 생성 문학」, 『한국문예비평연구』 77, 한국현대

보다는 오히려 문학작품의 창작의 보조 도구로 활용할 때 효과적일 수 있다. 등장인물의 이름을 생성하거나 일정한 조건에 부합하는 시공간적 배경을 생성해보라고 하면, 창의적이라고 보기는 어렵지만 인간보다는 아주 빠른 속도로 과업을 해낸다. 노대원은 새로운 AI 문학의 가능성은 인간이 창작하는 문학을 대체하는 것이 아니라, AI를 활용하여 문학적 경험을 향상시키거나 강화하는 것이 목표가 되어야 한다고 말하고 있다. 인공지능 기술은 우리가 미처 깨닫지 못했던 문학적 트렌드나 패턴을 발견하는 데에도 활용될 수 있다. 챗GPT 자체가 문화적, 언어적, 성별적 편향성을 갖고 있거나 편향된 데이터에 기반해 있을 수 있지만, 역설적으로 인공지능이 방대한 양의 정보를 인간보다 빠르게 습득하고 처리할 수 있는 능력을 활용한다면, 비판적 대상이 되어야 하는 지점이나 편향된 글쓰기의 결과를 발견하는 데에도 활용할 수 있을 것이다.

4. 챗GPT의 의료와 돌봄 활용 전망

우리는 인공지능 기술의 성과를 놀랍게 바라다보다가 인공지능이 인간과 같은 존재가 될 것을 걱정하게 되기도 한다. 많은 SF들은 인공지능이나 기계가 인간을 지배하게 되는 미래를 전망하기도 한다. 물론 아주 먼 미래의 일은 장담하기 어렵지만, 우리가 지금 목격하고 있는 인공지능은 어떤 단편적 지점에서는 뛰어난 능력을 보여주지만, 총체적으로는 인간

문예비평학회, 2023, 125-160쪽.

에는 현저히 미치지 못하는 능력을 갖고 있을 뿐이다.

무엇보다 인공지능에게는 자의식이 없다. 무엇을 목표로 하겠다는 방향의 설정 자체를 스스로 할 수가 없다. 챗GPT가 오류의 답변, 혹은 환각의 답변을 내놓다가 지적을 당하면, 사과를 하면서도 같은 오류를 반복하는 것은 자의식이 없기 때문이다.

그럼에도 인공지능에 우리가 기대하는 것은 인간이 하기 어렵거나 번거로운 일들을 대신 해내는 일이다. 우리가 인공지능을 활용하는 이유가 인간보다 뛰어난 인격체, 혹은 어떠한 존재로서의 '인공물'을 만들어내기 위함일 수는 없다. 인공지능은 비행기나 자동차의 발명이 그러했듯, 인간의 삶에 활용할 도구여야 한다. 그리고 그 성과가 좀 더 보편적으로 활용될 수 있다면 더욱 효과적일 것이다. 가령 인공지능을 통한 기계번역이 더 발전한다고 해도, 인간의 생각을 기계가 대신 표현하는 것이 될 수는 없다. 그저 특정한 언어로 표현된 것을 다른 언어로 바꾸어 표현하는 것일 뿐이다. 여러 언어를 자유자재로 활용하는 것은 인간에게는 매우 드문 능력이거나 어렵고 고단한 학습의 결과로 성취할 수 있는 능력이겠지만, 기계번역의 성취가 높은 수준에 도달할수록 보편적이고 평범한 개개인 대중들이 이것을 활용할 수 있는 가능성은 커질 수 있다.

챗GPT의 기술을 활용할 분야는 다양하게 전망될 수 있으나 그중의 한 방향으로 의료적 활용이나 돌봄의 활용을 제안해 볼 수 있다.

정확한 최신 정보의 검색보다는 일정한 범위 내의 정보를 요약하거나 전달하는 것, 그리고 그 정보들을 바탕으로 반복적으로, 그리고 조금씩 다른 표현으로 대화를 이어가는 것, 질리지도 않고 지치지도 않고, 언제든지 대화 상대와 계속 대화를 나눌 수 있는 것, 그것이 챗GPT의 능력이라면, 외로운 고령자라든가 만성질환의 입원 환자라든가, 이런 사람들과 대화 상대로서의 챗GPT의 활용을 생각해 보는 것이다.

19세기 이후 공중보건의 발달과 의학의 발전, 식생활의 개선 등으로 인간의 평균 수명은 크게 연장되었다. 20세기 후반부터 시작된 의학 기술의 고도화와 기계화는 인간의 수명을 더욱 늘어나게 해주었다. 그러나 수명의 연장이 인간의 삶을 더 행복하게 해주었다고 볼 수 있을지는 의문이다. 연장된 수명의 상당 기간은 돌봄을 필요로 하는 기간이 되었다.

고혈압이나 당뇨는 물론, 신장질환, 심장질환, 각종 암 역시 '완치'보다는 '관리'가 필요한 만성질환처럼 여겨지게 되었다. 환자 스스로도 오랜 기간 자신의 식습관과 운동 등을 관리해야 하고, 의사의 치료와 처방에 순응하는 태도가 필요한 질병이다. 하지만 자신의 건강을 철저하게 모니터링하고, 처방에 순응하는 환자는 그리 흔하지 않다. 심장전문의이면서 첨단 기술의 의료적 적용을 오래전부터 역설해 온 에릭 토폴은 "일주일 동안의 혈압 변화 추이를 기록하여 나에게 보내주는 환자가 한 명이라도 있으면, 나는 다행이라고 느끼곤 했다."[19]고 말한다. 만성질환자 스스로의 관리와 의사의 모니터링이 적절하게 이루어지기를 기대하기 어렵다는 의미이다.

의학이 아무리 발달한다고 해도 건강한 사람이 질병의 검진에 응하지 않는다면, 환자가 치료와 처방에 응하지 않는다면, 아무런 소용이 없다. 의학의 궁극적 목적은 눈앞에 있는 환자의 질병 요인을 발견하고, 그것을

---

19 에릭 토폴, 박재영 외 공역, 『청진기가 사라진다: 디지털 혁명이 바꿔놓을 의학의 미래』, 청년의사, 2012, 135쪽.

제거시키고 치료하여 퇴원시키는 것이 아니라, 인간이 건강한 삶을 누리도록 하는 데 있을 것이다. 그렇다면 질병의 요인이나 건강 상태를 모니터링하고, 환자의 차도(差度)를 관찰하며 돌보는 일은 의학이 해야 할 일의 출발점이라 할 수 있다. 더 나아가, 급격히 초고령사회로 접어들고 있는 우리의 현실을 생각하면 더욱 필요한 지점이다. 고위험군이라고 할 수 있는 고령자들이나 1인 가구 거주자들의 건강 상태를 모니터링하고 이들이 건강을 유지할 수 있도록 돕는 일은 사회적으로 매우 중요하다.

그러나 심지어 가까운 가족조차도 고령자와 만성질환자를 가까이에서 꾸준히 살펴보고 돌보는 일, 그리고 그들과 꾸준히 대화를 지속하는 일이 매우 어렵다는 것을 우리는 잘 알고 있다. 이 일이 인간이 감당하기 어려운 일이지만, 인간에게 필요한 일이기에 인공지능 기술의 활용을 시도하는 것은 너무나 당연한 방향이다.

실제로 고령자나 만성질환자를 돌보는 일에 기계를 활용하는 일은 이미 오래전부터 진행되어 왔다. 이른바 '돌봄 로봇'들이다. 몇 가지 감각센서와 대화 기능을 넣어 상호 작용과 정서적 교감을 추구하는 인형 형태의 로봇들은 많은 선진 기술국들에서 제작되거나 보급되고 있다. 스피커 형태의 인공지능이 대화를 하거나 위험 상황을 감지하는 기술도 확산 중이다. 웨어러블 형태의 기계 장치들을 통해 혈압이나 산소포화도 등을 측정하고 모니터링하는 기술도 크게 보면 돌봄 로봇의 범주에 포함될 수 있다.

앞서 말했듯이, 챗GPT는 대화에 특화되어 있다. 지금까지 활용되고 있던 인형 형태의 로봇이나 스피커 형태의 인공지능들도 대화 기능이 포함되어 있는 경우가 많았지만, 챗GPT처럼 다양한 분야의 화제에 끊김없이 대화를 지속하여 나가기는 어려웠다. 챗GPT 기술에 텍스트 음성화 기술인 TTS 기술을 결합하면, 충분히 대화 기술을 탁월하게 향상시킨 인공지능 돌봄 로봇의 활용이 가능할 것이다.

특히 챗GPT는 대화가 장시간 지속될 때 하나의 인격적 교감이나 정체성을 교류할 수 있다는 점을 감안하여, 특정한 퍼스나를 설정하여 답변하도록 설정할 수도 있게 되어 있다.

〈그림8〉과 같이 의사로 설정을 하면, 좀 더 구체적인 정체성을 생성하

 Persona. Doctor : persona.

Name: Dr. Emily Nguyen
Gender: Female
Age: 38
Occupation: General Practitioner

Background:
Dr. Nguyen grew up in a small town in the Midwest, where she was inspired to pursue a career in medicine by her father, who was a family doctor. She completed her undergraduate studies in biology at a nearby state university and then went on to attend medical school at a prestigious Ivy League institution. After completing her residency in internal medicine, she decided to specialize in family medicine and has been practicing as a general practitioner for the past 10 years.

Personality:
Dr. Nguyen is a compassionate and empathetic person who genuinely cares about the well-being of her patients. She takes the time to listen to their concerns and is dedicated to providing personalized care that addresses their unique needs. She is also a strong advocate for preventative medicine and encourages her patients to take an active role in maintaining their health.

In her personal life, Dr. Nguyen enjoys spending time with her family and staying active by running and practicing yoga. She is also an avid reader and enjoys exploring new cuisines.

〈그림 8〉 챗GPT에게 의사로서의 퍼스나를 설정해 놓은 사례
(https://chat.openai.com ; 접속일 2023.4.25.)

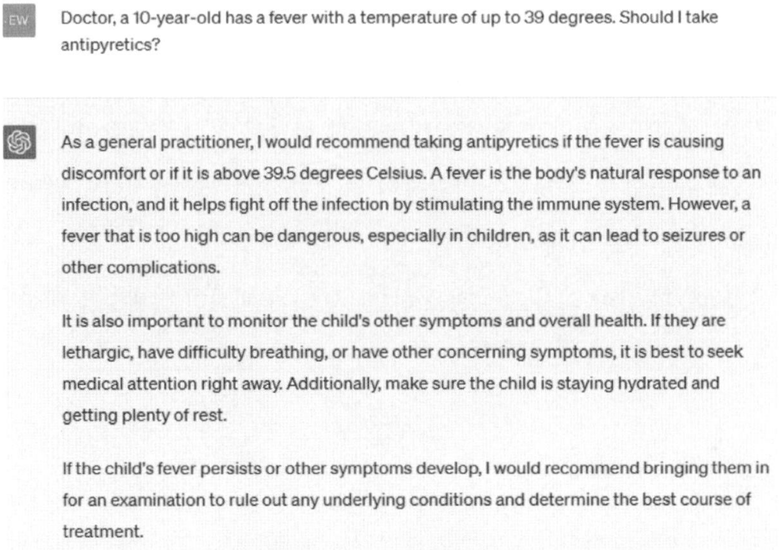

> EW　Doctor, a 10-year-old has a fever with a temperature of up to 39 degrees. Should I take antipyretics?

> As a general practitioner, I would recommend taking antipyretics if the fever is causing discomfort or if it is above 39.5 degrees Celsius. A fever is the body's natural response to an infection, and it helps fight off the infection by stimulating the immune system. However, a fever that is too high can be dangerous, especially in children, as it can lead to seizures or other complications.
>
> It is also important to monitor the child's other symptoms and overall health. If they are lethargic, have difficulty breathing, or have other concerning symptoms, it is best to seek medical attention right away. Additionally, make sure the child is staying hydrated and getting plenty of rest.
>
> If the child's fever persists or other symptoms develop, I would recommend bringing them in for an examination to rule out any underlying conditions and determine the best course of treatment.

〈그림 9〉 챗GPT에게 의학적 처방에 대한 질문을 한 사례
(https://chat.openai.com ; 접속일 2023.4.25.)

여 하나의 가상의 존재처럼 가정하고 대화를 이어갈 준비를 한다. 이 상황에서 의료적 처방이나 조치에 대한 질문을 하면 〈그림9〉와 같이, 의학적 정보 기반의 답변을 제시하기도 한다.

물론 앞서 살펴본 것처럼 정확성과 신뢰성이 떨어지는 답변을 자주 내놓는 챗GPT에게 의학적 답변을 기대하는 것이 적절한가 하는 염려가 있을 것이다. 현재의 챗GPT에게 생명과 안전이 달린 의학적 답변을 기대하는 것은 분명히 위험할 수 있다. 하지만 이러한 우려를 극복할 수 있는 전망도 어둡지만은 않다.

챗GPT가 부정확한 답변을 내놓거나 환각의 주장을 펴는 경우는 범위가 정해지지 않은 데이터에서 사실 정보를 발견하여 답변을 요구할 때이

다. 정해진 범위의 텍스트를 제공하고, 그 범위 내의 질문을 했을 때 적절한 답을 찾아내는 것은 상당히 효과적인 결과를 얻을 수 있다. GPT-4는 이전보다도 높은 점수로 미국의 의사 필기 시험에 합격했다[20]고 하는데, 이는 제한적인 범위의 텍스트가 충분히 제공되었을 때는 정확성 높은 답변이 가능하다는 것을 짐작하게 해준다. 심지어 한국어 텍스트 학습의 부

양치질은 우리의 입 안에 있는 이물질, 세균, 음식물 파편 등을 제거하여 치아와 잇몸을 건강하게 유지하는 것입니다. 이것은 매우 중요한 이유가 있습니다.

우리의 입 안에는 많은 수의 세균이 존재합니다. 이 세균들은 우리의 몸에 해로운 영향을 끼칠 수 있습니다. 만약 치아와 잇몸이 건강하지 않다면, 이 세균들은 치아와 잇몸을 공격하여 구강 건강을 악화시키고, 심지어는 몸 전체의 건강에도 영향을 끼칠 수 있습니다.

예를 들어, 치아와 잇몸의 문제가 발생하면, 치아가 빠져나가거나 능력을 잃어버리는 경우가 많이 있습니다. 이는 말초적인 문제처럼 보이겠지만, 실제로는 매우 심각한 문제입니다. 치아가 없으면 음식을 먹기가 어려워지고, 맞춤형 치료가 없으면 많은 통증과 불편을 겪을 수 있습니다.

따라서, 우리는 양치질을 잘하는 것이 우리의 치아와 잇몸을 건강하게 유지하고, 몸 전체의 건강에도 도움이 된다는 것을 알아야 합니다. 이것은 우리가 일상적인 건강 유지에 꼭 필요한 것 중 하나입니다.

양치질은 마치 치아들에게 샤워를 시켜주는 것과 같아요! 왜냐하면 우리가 땀을 내면 몸이 더러워지듯, 치아들도 먹은 음식이나 세균 때문에 더러워지거든요. 그래서 우리는 칫솔과 치약을 이용해서 치아들을 깨끗하게 닦아주는 것이 중요해요!

만약 우리가 치아를 깨끗하게 닦지 않으면, 세균이 치아와 잇몸을 공격해서 치아가 아프거나 빠질 수도 있어요. 그리고 치아가 아프면 맛있는 음식도 못 먹고, 다른 사람들과 웃는 것도 어려워질 수 있어요. 그래서 우리는 양치질을 잘해야 우리의 치아와 잇몸을 건강하게 유지할 수 있고, 맛있는 음식도 맛있게 먹을 수 있어요!

〈그림 10〉 챗GPT에게 양치질의 중요성에 대해 질문을 한 두 가지 답변 사례
(https://chat.openai.com ; 접속일 2023.4.25.)

20   최원진, 「GPT-4, 美 의사시험 90점 이상 합격」, 《뉴스핌》, 2023.4.7.

족함에도 불구하고, 한의사 국가시험에도 합격에 근접한 성적을 기록했다는 보도도 있다.[21]

위의 〈그림10〉은 챗GPT를 활용할 때 편리한 결과를 얻을 수 있는 또 한 가지의 사례이다. 양치질의 중요성에 대해 알려달라고 했을 때, 두 가지 버전의 답변을 내놓은 것인데 두 번째 답변은 일곱 살 아이에게 아주 쉽고 친근하게 설명해달라고 요청했을 때 얻은 결과물이다. 의료적 지침은 환자, 혹은 돌봄의 대상이 가장 쉽고 명확하게 인지할 수 있어야 효과를 볼 수 있다. 눈높이에 맞춘 설명이 필요하다는 것이다. 지금도 의료적 정보는 인터넷 공간에서 쉽게 검색해서 얻을 수 있지만, 자신의 눈높이에 맞게, 자신의 상황에 맞게 설명해 놓은 것을 찾기 어려울 수 있다. 챗GPT는 유사한 정보를 담은 내용을 다양한 연령대나 문화에 맞게 바꾸어 표현하도록 요청했을 때 빠르게 대응할 수 있기 때문에, 효과적인 활용이 가능하다.

앞서 언급했듯이, 고령자나 만성질환자의 경우에는 질병의 근원적 치료보다는 건강 관리와 유지가 필요한 경우가 많다. 돌봄이 필요한 고령자나 만성질환자의 건강 상태를 웨어러블 기계와 연동하여 지속적으로 측정하고, 이 데이터를 바탕으로 분석하여 효과적인 처방을 제안하는 것은 기술적으로 충분히 가능한 일일 것이다. 다만 인공지능이 처방을 결정하는 것에 대한 불안감이 있다면, 실제 구체적인 처방은 인간 의사의 몫으로 맡겨두어도 괜찮다. 대신 그러한 처방과 건강관리 방침을 지속적으로

---

21 박숙현, 「생성형 인공지능 GPT-4, 한의사 국시에서 합격 근접한 성적 기록」, 《민족의학신문》, 2023.4.3.

대화로서 반복하여 강조하고 확인하는 일은 챗GPT의 역할로 맡겨둘 만할 것으로 생각된다. 인공지능 대화 모델은 의사나 간호사와는 달리 24시간 환자 곁에 머물 수 있고, 가족과는 달리 인내심을 가지고 차분하고 반복적으로 대화를 이어갈 수 있기 때문이다.

2015년 네덜란드에서 만들어진 다큐멘터리 영화 〈상냥한 앨리스(Alice Cares)〉는 독거 노인 할머니들 집에 인공지능 대화 기능과 카메라 기능이 내장된 로봇 '앨리스'를 가져다놓고, 실험적 서비스를 하는 실제 상황을 담고 있다. 처음에는 로봇과의 대화를 꺼려하던 할머니들은, 혼자만의 시간을 달래주고 날씨 정보가 가족들과의 연락을 도와주는 로봇에 점차 친밀감을 느낀다. 다만 수시로 대화가 단절되거나, 반복적 대화에만 그치는 한계를 보여주기도 한다. 바로 이 지점에서 챗GPT를 비롯한 최신의 인공지능 대화봇의 적용이 필요할 것이다.

한국에서도 최근 '효돌이'를 비롯한 로봇 인형이라든지, '다솜이'와 같은 AI 스피커가 노인 돌봄에 활용되고 있다. 지방자치단체나 기업의 지원을 통해 보급이 확산되고 있는 추세다. 봉제 인형 형태로 일곱 살 손주의 모습을 하고 있는 인형 '효돌이'와 카메라와 스피커, 모니터를 갖춘 AI 스피커 '다솜이'는 형태도 다르고 기술적 접근도 다르지만, 주로 독거 노인들의 정신 건강 및 신체적 안전을 위해 개발, 활용되고 있다는 점은 공통적이다. 다만 아직 쌍방향적인 커뮤니케이션이 충분히 이루어지기는 어렵다는 한계도 갖고 있다.

이런 상황에서 챗GPT의 생성적 대화 기술은 기존의 돌봄 도구들과의 결합될 가능성이 충분하다. 〈상냥한 앨리스〉가 보여준 네덜란드의 사례에서도, 쌍방향적 대화 성능이 충분하지 못함에도 불구하고 할머니들은 로봇 '앨리스'와의 대화를 통해 외로움을 달래고 추억을 떠올리는 상호작용을 시도하는 모습이 드러난다. '효돌이'를 사용하는 모습을 관찰한 다큐멘터리 영화 〈저를 꼬옥 안아주세요〉(미개봉)의 경우에도, 어르신들이 효돌이를 진짜 손주처럼 여기고 돌보면서 대화를 시도하는 모습을 볼 수 있다. 실제로 이러한 돌봄의 도구는 어르신들을 돌봄의 대상으로 삼아 개발된 것이지만, 실제 활용 과정에서는 어르신들이 로봇을 돌보는 주체로 자리잡는 모습을 엿볼 수 있다. 이것은 궁극적으로 어르신들의 정신적, 신체적 건강과 활동성의 향상이 돌봄 로봇의 목표라는 점에서는 애초에 예상된 수동적 돌봄의 대상에 머무는 것 이상의 효과를 기대할 수 있다.

챗GPT는 일정한 대화와 문답 과정을 기억하고, 그것을 맥락으로 삼아 다음 대화에 활용하도록 디자인되어 있다. '뉴챗(New Chat)'을 누르기 전

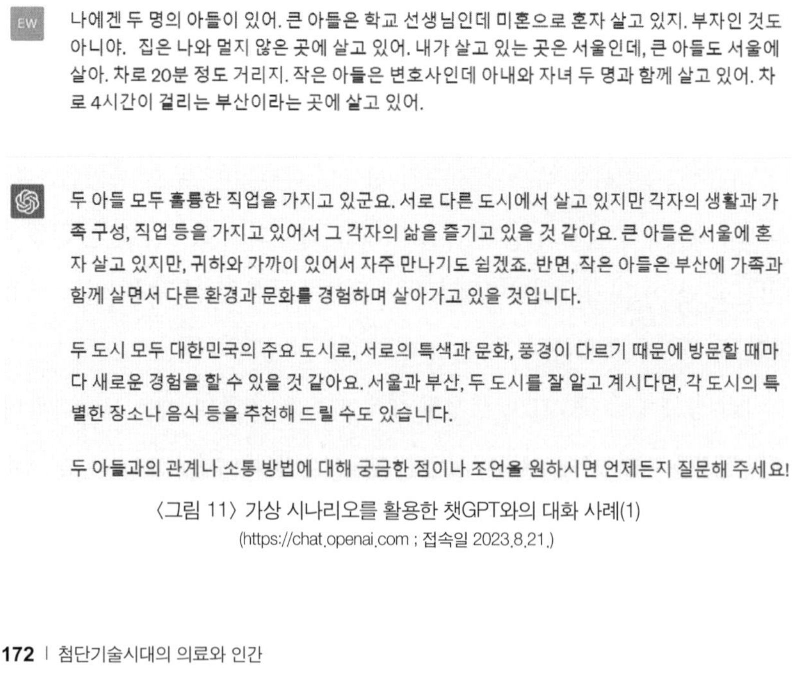

EW 나에겐 두 명의 아들이 있어. 큰 아들은 학교 선생님인데 미혼으로 혼자 살고 있지. 부자인 것도 아니야. 집은 나와 멀지 않은 곳에 살고 있어. 내가 살고 있는 곳은 서울인데, 큰 아들도 서울에 살아. 차로 20분 정도 거리지. 작은 아들은 변호사인데 아내와 자녀 두 명과 함께 살고 있어. 차로 4시간이 걸리는 부산이라는 곳에 살고 있어.

두 아들 모두 훌륭한 직업을 가지고 있군요. 서로 다른 도시에서 살고 있지만 각자의 생활과 가족 구성, 직업 등을 가지고 있어서 그 각자의 삶을 즐기고 있을 것 같아요. 큰 아들은 서울에 혼자 살고 있지만, 귀하와 가까이 있어서 자주 만나기도 쉽겠죠. 반면, 작은 아들은 부산에 가족과 함께 살면서 다른 환경과 문화를 경험하며 살아가고 있을 것입니다.

두 도시 모두 대한민국의 주요 도시로, 서로의 특색과 문화, 풍경이 다르기 때문에 방문할 때마다 새로운 경험을 할 수 있을 것 같아요. 서울과 부산, 두 도시를 잘 알고 계시다면, 각 도시의 특별한 장소나 음식 등을 추천해 드릴 수도 있습니다.

두 아들과의 관계나 소통 방법에 대해 궁금한 점이나 조언을 원하시면 언제든지 질문해 주세요!

〈그림 11〉 가상 시나리오를 활용한 챗GPT와의 대화 사례(1)
(https://chat.openai.com ; 접속일 2023.8.21.)

까지의 대화 내용은 다음 대화에 참고 자료로 이용되는 셈이다. 이러한 기술을 활용하면, 일정한 가족 내력이라든가 건강 정보, 위급시 필요한 기초적 정보들을 입력해둔 상태에서의 대화가 가능하다. 〈그림11〉은 일종의 가상 시나리오를 만들 때, 두 아들을 둔 어르신을 설정하면서 대화를 전개하는 과정을 보여준다.

위와 같은 대화 이후에, 큰 아들은 가까이 살지만 말수도 적고 전화도 잘 하지 않는 편이라서 병원을 가거나 할 때는 큰 아들에게 부탁을 하곤 하지만 사소한 일상의 이야기는 자주 나누지 못한다는 이야기를 건넨다. 그리고 이어서, 둘째아들은 멀리 살지만 자주 전화를 하고 넷플릭스에서

EW : 아들이 넷플릭스에서 '킹덤'이라는 한국 드라마를 추천해줬는데, 무섭긴 하지만 재밌더라구. 시즌3은 언제 나올까 모르겠네.

🤖 : "킹덤"은 한국의 인기 있는 좀비 주제의 드라마로 많은 사람들이 좋아합니다. 많은 팬들이 시즌 3을 기다리고 있습니다.

제 지난 정보 업데이트 때까지의 정보를 기반으로는 "킹덤" 시즌 3의 정확한 출시 날짜는 알려져 있지 않습니다. 다만, 공식 발표가 있을 경우, 넷플릭스나 관련 뉴스를 통해 확인할 수 있을 것입니다.

만약 시즌 3에 대한 정보를 얻고 싶으시다면, 넷플릭스 공식 웹사이트나 뉴스 사이트, 공식 SNS 계정 등을 통해 최신 정보를 확인하실 수 있습니다.

EW : "킹덤"을 추천해준 아들이 어느 도시에 살더라?

🤖 : 앞서 주신 정보에 따르면 작은 아들이 "킹덤"을 추천해주었고, 작은 아들은 부산이라는 곳에 아내와 자녀 두 명과 함께 살고 있습니다. 따라서 추천해준 아들은 부산에 살고 있습니다.

〈그림 12〉 가상 시나리오를 활용한 챗GPT와의 대화 사례(2)
(https://chat.openai.com ; 접속일 2023.8.21.)

재미있는 드라마를 추천해주기도 한다는 이야기를 전한다. 물론 가상의 시나리오대로 대화를 전개하는 것이다. 그리고 난 뒤에는 다음과 같은 대화로 전개될 수 있다.

〈그림12〉에서처럼, 챗GPT는 앞선 〈그림11〉의 대화 내용을 기억했다가 아들이 첫째아들인지, 둘째아들인지, 그리고 어느 도시에 사는지에 대한 답을 정확히 내놓는 모습을 보여준다. 광범위한 데이터베이스에서 검색해서 찾아낸 정보를 제공할 때는 '환각'에 의한 오류 답변을 자주 내놓곤 하는 챗GPT이지만, 이처럼 한정된 범위의 맥락 안에서의 답변을 제시하거나 앞서 제시된 정보를 요약하여 제시하는 것에서는 큰 오류 없이 답변을 내놓을 수 있음을 확인할 수 있다. 챗GPT를 돌봄 로봇과 같은 도구와 결합하여, 노인들의 일상적 대화 상대이자 건강 관리의 도구로 활용할 수 있을 만한 가능성을 보여준 사례라고 할 수 있겠다.

5. 결론

대만계 출신으로 미국에서 활동하는 유명한 SF 작가 테드 창은 챗GPT 열풍의 과정 속에서, 2023년 2월 9일 《더 뉴요커》(The New Yorker)에 "챗GPT는 웹에서의 흐릿한 JPEG 이미지와 같다(ChatGPT Is a Blurry JPEG of the Web)"[22]라는 글을 기고했다. 이 글은 미국은 물론, 한국에서도 제법 화제가 되었다.

---

22   Ted Chang, "ChatGPT Is a Blurry JPEG of the Web", *The New Yorker*, 2023.2.9.

테드 창은 복사기가 복사를 거듭할 때마다 점점 원본에서 흐려지듯, 그리고 컴퓨터 파일 중 Jpeg나 Mp3 파일들이 원본을 압축하는 방식으로 원본을 흐릿하게 만들 듯, 현재의 챗GPT는 제공된 정보 자료들을 압축하며 손실된 상태로 다루고 있다고 지적한다. 필요한 순간들이 있겠지만, 창의적인 아이디어를 필요로 할 때라든지, 고품질의 결과물을 얻고자할 때라든지, 이제 막 독창적인 글을 쓰고 싶을 때라든지, 이런 경우에는 챗GPT는 도움이 되지 않을 것이고, 그것을 활용하려는 시도는 바람직하지 않을 것이라는 전망을 한 것이다. 충분히 일리 있는 지적이긴 하다. 챗GPT는 정보를 공급받고 그것을 활용하는 과정에서 불가피하게 압축과 생략을 즐기게 되어 있고, 그러다 보니 잘못된 정보를 받아들이거나 오류의 정보를 내놓을 가능성도 크다.

노암 촘스키는 2023년 3월《뉴욕 타임즈》에 기고한 "챗GPT의 거짓 약속(The False Promise of ChatGPT)"[23]에서 챗GPT는 여러 가능성을 동시에 학습했을 뿐, 무엇이 진실인지 거짓인지를 판단하지 않고 피상적이고 모호하다는 문제점을 강력하게 비판한다.

그러나 왜곡과 오류가 반드시 실패의 전망으로 이어지는 것은 아니다. 25년 전쯤, 많은 전문가들은 mp3가 CD 음원의 음질을 훼손했기에 리스너들의 지지를 받지 못할 것으로 전망했다. 작은 휴대폰 화면으로 영화를 보는 것은 매우 답답할 것이고, 흔들리고 초점을 맞추기 어려운 휴대폰 카메라로 사진을 찍기 즐겨하지 않을 것이라 전망하기도 했다. 그러나 현재 우리는 스마트폰의 작은 화면과 스피커가 매우 유용함을 잘 알고

---

23   Noam Chomsky, "The False Promise of ChatGPT", *The New York Times*., 2023.3.8.

있다. 과거 어떤 음향기기나 카메라보다, 스마트폰은 우리의 일상 속에서 가장 널리 활용되고 있다.

챗GPT가 만능일 수 없는 것은 너무나 분명하다. 과도한 불안감이나 지나친 기대감도 가질 필요는 없다. 다만 우리에게 충분히 새로운 '도구'가 주어진 것만은 분명하다. 심지어 이 도구는, 현재로서는, 인간이 수천년간 사용해온 '자연어'에 가장 가깝게 활용할 수 있는 기계적 도구이다. 이도구를 외면할 이유는 없다. 아주 많은 기존 자료들을 제한적 범위 내에서 활용하며 요약하거나 정리하는 일은 대체로 잘 한다. 가령 비스와스의 예측처럼, 챗GPT는 거대한 정보를 바탕으로 지구 온난화 문제의 핵심이나 대안을 제안해낼지도 모른다.[24]

이 글에서 제안하고 있는 챗GPT의 활용 방향은 고령자와 만성질환자를 위한 의료적, 혹은 돌봄 차원의 활용이다. 인공지능기술의 활용은 현재의 인간이 하기 어렵거나 번거로운 분야의 일이나 너무 오랜 시간이나 노동이 요구되는 일을 대신하도록 할 때, 가장 효과적일 수 있을 것이다. 바로 그러한 분야가 고령자나 만성질환자의 돌봄 영역일 것이다. 현재 개발되어 활용되고 있는 웨어러블 건강 관리 기계들이나 돌봄 인형 로봇, 인공지능 스피커들의 성과에 챗GPT의 기술이 결합되는 것은 그리 먼 미래의 일이 아닐 것이다. 물론 인간보다 로봇이 낮다거나 인공지능이 뛰어나다는 주장을 하려는 것은 아니다. 초고령시대를 맞은 우리 현실에서 현재 도달한 인공지능 생성언어 기술이 가장 효과적으로 쓰일 수 있는 분야

24 Som.S. Biswas, "Potential Use of Chat GPT in Global Warming", *Annals of Biomedical Engineering*, 2023.

일 것이라는 점이다.

챗GPT는 훌륭한 도구이다. 다만 정확한 사실 정보를 찾아내거나 가치의 판단을 챗GPT에 맡기는 것은 적절하지 않다. 챗GPT는 이미, 한정된 범위의 텍스트를 빠르고 정확하게 습득하고 요약할 수 있으며, 이것을 바탕으로 확률이 높은 정답을 내놓을 수 있는 기술을 확보하고 있다. 의료와 돌봄에 필요한 데이터들을 추려내어 반복 학습하게 하고, 돌봄의 대상이 될 개개인별 특화된 건강 정보들에 맞추어 연계시킨다면 예상되는 염려를 뛰어넘는 효과적 성과를 기대할 수 있을 것이다.

노인 돌봄의 대상, 혹은 만성질환자들이나 인지장애를 겪는 사람들에게는 새로운 정확한 정보를 발견하는 보조자보다, 기존에 자신이 갖고 있던 정보를 기억하고 있다가 필요할 때 내놓는 보조자가 필요하다. 건강 정보는 물론, 개인과 가족의 정보들을 인공지능에게 학습시켜 놓았다가 필요한 정보를 내놓는 일이라면, 현재의 챗GPT도 충분히 해낼 수 있다. 일정한 수량의 논문이나 책 내용 안에서 질문에 대한 답을 찾아내는 것은 큰 오류 없이 답변이 가능하다. 한정된 정보 안에서의 요약과 검색은 '환각'의 위험 없이 활용 가능하다는 것이다. 다만 개인정보에 유출이나 악용에 대한 위험성이 있을 수 있다. 돌봄 로봇이나 돌봄형 인공지능 스피커를 네트워크에 연결하더라도, 정보의 입력(input)만 가능하고 외부 인출(output)은 불가능하도록 한다든지, 한정적인 경우에만 네트워크로 외부로 연결하고 평상시에는 가정이나 보호자, 사회복지 관계자들과의 내부 인트라넷에만 연결하도록 한다면 그러한 불안감도 덜어낼 수 있다.

여전히 우려되는 위험성이나 예상하지 못했던 부작용도 있을 수 있다. 특히 생명을 다루는 의료나 돌봄의 영역이기 때문에 조심스럽게 접근해야 한다는 것도 당연하다. 언제나 그렇듯, 기술이 가진 문제점을 명확하게 인식하는 것이 필요하다. 그러기 위해서라도, 섣부른 기대나 우려보다는, 챗GPT의 가능성과 한계를 면밀하게 살펴야 하는 것은 분명하다.

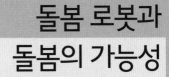

돌봄 로봇과
돌봄의 가능성

조태구
경희대학교 인문학연구원 HK+통합의료인문학연구단 HK연구교수

1. 서론

　돌봄은 삶에 가장 보편적이고 근본적인 활동임에도 불구하고 오랫동안 그 중요성을 간과해 왔다. 전통적으로 돌봄은 사적인 영역의 일로 취급되었으며, 여성에게 전적으로 위임되어 왔다. 그리고 산업화로 인해 돌봄이 상품이 되어 시장으로 넘어왔을 때, 그 일은 저소득층이나 이민자 등 사회적 약자들의 일이 되었다. 누구도 돌봄 없이는 생존할 수 없음에도 불구하고 발생한 돌봄의 중요성에 대한 이러한 은폐는 근대 자유주의적 휴머니즘이 가정하는 주체와 그 주체에 고유한 것으로 여겨지는 자율성에 대한 믿음에 토대를 두고 있다. 자율적인 근대적 주체가 누군가에게 의존해야만 생존할 수 있다는 사실은 가능한 감춰져야 할 공공연한 비밀이었다. 따라서 돌봄에 대한 질문은 정확히 근대적 주체를 겨누고 있고, 근본적인 동시에 비판적인 성격을 갖는다.

　그러나 돌봄의 중요성은 결코 은폐될 수 없다. 과학기술과 의학의 발전으로 평균수명이 늘어나고, 만성질환이 주된 질병의 양태가 되어 버린 상황에서 이제 의학에서조차 그 중심점은 치료에서 돌봄으로 넘어가고 있다. 돌봄의 문제는 다만 사변적인 문제에 불과한 것이 아니라, 당장 시급하게 해결해야 할 실천적 문제이다.

더구나 전 세계적으로 진행되고 있는 고령화 현상은 돌봄 문제를 첨단 과학기술과 관련된 윤리적 문제로 만들고 있다. 고령인구의 증가로 인해 돌봄의 대상은 늘어나는 반면, 돌봄을 수행할 인력들은 날로 줄어들고 있다. 이러한 간극을 매울 적절한 대안으로 떠오른 것이 바로 돌봄 로봇이다. 따라서 돌봄의 문제는 로봇과 AI, 데이터 등 첨단 기술을 둘러싼 윤리의 문제를 포괄한다. 그리고 돌봄이 의료의 영역과 긴밀하게 연결되어 있다는 점에서, 다른 어느 영역에서보다 돌봄의 영역에서 로봇과 AI 윤리, 특히 데이터 윤리는 복잡한 양상을 띠게 된다. 그러나 이러한 복잡함에도 불구하고 별다른 대안이 없어 돌봄 로봇의 사용이 사실상 강제되고 있다는 현실은 돌봄과 관련된 로봇과 AI 윤리, 데이터 윤리의 특수성이다.

이 논문은 현재 고령화가 급격하고 진행되고 있는 한국에서 돌봄 로봇과 관련된 정책이 어떻게 실행되고 있는지를 검토함으로써, 이후 연구의 토대가 되고자 한다. 글은 먼저 돌봄 로봇의 정의와 종류를 설명한 뒤, 돌봄 로봇 도입이 요구되는 시대적 상황을 살펴본 후, 현재 한국에서 진행되고 있는 관련 정책들을 정리할 것이다. 그리고 이에 대한 비판적 입장을 제시하고 논의해야 할 철학적 쟁점을 소개할 것이다.

2. 돌봄 로봇의 정의 및 종류

국제 표준화기구(International Organization for Standardization, 이하 ISO)는

로봇을 "이동과 조작 혹은 위치제어를 수행할 수 있는 일정 수준의 자율성을 갖춘 프로그래밍된 작동 메커니즘"으로 정의하고, 로봇을 '산업 로봇'과 '서비스 로봇' 그리고 2021년에 새롭게 추가된 '의료 로봇'이라는 총세 가지 항목으로 분류하고 있다. ISO는 이 중 서비스 로봇을 "사람이나 장비를 위해 유용한 작업을 수행하는 개인용 또는 전문가용 로봇"으로 정의하고, 의료 로봇을 "의료용 전기기기 또는 의료용 전기시스템으로 사용하도록 설계된 로봇"으로 정의한다. 따라서 돌봄 로봇의 일부 기능, 가령 대상자의 생체 신호를 실시간 모니터링하는 기능 등을 이유로 돌봄 로봇을 의료 로봇으로 분류하는 경우가 있을 수 있겠으나, 돌봄 로봇은 그것이 돌봄이라는 유용한 작업을 수행하기 위해 제작된 로봇이라는 점에서 서비스 로봇으로 분류되는 것이 일반적으로 적절하다. 실제로 현재 관련 연구의 대부분은 돌봄 로봇을 서비스 로봇으로 분류하는 데 이견이 없다.

반면 돌봄 로봇에 대한 정의는 연구자에 따라 조금씩 다르다. 한국로봇산업진흥원(Korea Robot Industry Promotion Agency, 이하 KIRIA)은 돌봄 로봇에 대한 이런 다양한 정의들을 검토한 후 이를 종합하여 다음과 같이 돌봄 로봇을 정의하고 있다. 돌봄 로봇이란 "심신기능이 저하되어 일상생활 영위가 어려운 사람의 1)신체 활동 및 일상생활을 보조하고, 2)정신적(인지) 기능의 유지·향상 등을 도와주거나, 3)돌봄을 지원하는 로봇"이다 (KIRIA 2019).

KIRIA는 이렇게 정의한 돌봄 로봇을 그것이 제공하는 서비스의 종류에 따라, '신체 지원 로봇', '생활 지원 로봇', '정서 지원 로봇', '간호업무 보조 로봇'으로 분류한다. 먼저 신체 지원 로봇이란 "인간의 신체 건강을 관리하고 지원하는 로봇"으로서 "주로 장애인이나 고령자가 혼자서 수행하기 힘든 행위를 보조하여 이들이 자율적으로 독립생활을 영위할 수 있도록 지원"하는 것을 목적으로 한다.(KIRIA 2019) 일본의 'Riken and Sumitomo Riko Company'가 개발한 이승보조 로봇 '베어ROBEAR'와 미국의 'Georgia Tech'의 목욕보조 로봇 'Cody', 한국 'CURACO'의 배변지원 로봇 'CareBidet'와 'NT로봇'의 식사보조로봇 'CareMeal' 등이 이에 해당한다.

반면 '생활 지원 로봇'은 돌봄 대상자의 생활패턴을 관찰하고 파악하여 "상황에 따라 필요한 기능을 모니터링 및 코칭하는 기술을 갖춘 로봇"으로서 "간단한 운동을 제안하거나 물마시기를 제안하는 등 건강관리 기능을 수행"하며, "각종 정보를 검색하여 보여주거나 물건을 찾아주는 등의 서비스를 제공"하는 로봇을 말한다.(KIRIA 2019) 일본 'SoftBank'의 'Pepper'와 한국 'Robocare'의 'Silbot'이나 'Bomy' 등이 이에 해당한다.

'정서 지원 로봇'은 "사용자의 정서 안정을 위한 다양한 기능을 제공하는 로봇"으로서, "사람의 얼굴 표정을 관찰하고 음성 패턴을 분석하여 사람의 감정을 읽고 적절히 반응하는 등 감성적 공감이 있는 소통을 통해 사용자가 정서적으로 고립되는 현상을 방지"하는 것을 목적으로 한다(KIRIA 2019). 일본 'Intelligent system'의 물개모양 애완로봇 'Paro'와 'Sony'의 강아지 모양을 한 'Aibo', 한국 'HYODOL'의 인형로봇 'Hyodol', 'Wonderful Platform'의 'Dasom'이 이에 해당한다.

그런데 생활 지원 로봇과 정서 지원 로봇이 제공하는 서비스는 사실 서로 명확히 구분되는 것이 아니라서, 이 둘을 정확하게 구분하기는 쉽지 않다. 실제로 출시된 제품들을 살펴보면 생활 지원 로봇의 기능과 정서 지원 로봇의 기능을 모두 포함하고 있는 경우가 많으며, 여기에 치매 예방 프로그램 등을 장착함으로써 교육로봇의 성격까지 가지고 있는 것이 현실이다. 따라서 생활 지원 로봇과 정서 지원 로봇을 하나로 묶어 소셜 로봇으로 분류하는 것이 좀 더 현실적인 분류 방식이라고 볼 수 있다. 그리고 이때 '소셜 로봇'이란 한국과학기술평가원의 정의에 따라, "인지 능력과 사회적 교감 능력을 바탕으로 인간과 상호작용함으로써 사회적 기능을 수행"하는 로봇으로 정의할 수 있다.(과학기술정보통신부 2019)

이제 KIRIA가 분류한 네 가지 종류의 돌봄 로봇 중 간호업무 보조 로봇은 "간호사나 요양보호사의 업무를 보조하고 직접 간호에 투입할 수 있는 업무 보조" 로봇으로서 간호나 간병을 돕는 것을 목적으로 한다.(KIRIA 2019) 환자의 혈액 샘플이나 식사, 약물과 의료폐기물 등을 자동 운반하는 미국 'Aethon'의 의약품 운송로봇 'TUG'와, 요양시설이나 노인복지 시설 내부를 돌아다니며 노인들의 건강을 살피는 로봇 스타트업 'Luvozo'가 개발한 'SAM', 병원용품을 운반하고 환자의 기저귀 교환 시점을 통보하는 등 노인 관련 간호 업무를 보조하는 '한국로봇융합연구원'이 개발한 'KIRO-M5' 등이 이 분류에 속한다.

이상의 내용을 정리하면 〈표1〉과 같다.

<표 1> 돌봄 로봇의 분류

분류		내용
신체 지원 로봇		이승, 목욕, 배변, 식사 등을 보조하여 인간의 신체 건강을 관리하고 지원하는 로봇
		 ROBEAR · Cody · CareBidet · CareMeal
소 셜 로 봇	생 활 지 원 로 봇	돌봄 대상자의 생활패턴을 관찰하고 파악하여 상황에 필요한 기능을 제공하는 로봇
		 Pepper · Silbot · Bomy
	정 서 지 원 로 봇	돌봄 대상자의 정서 안정을 위한 다양한 기능을 제공하고 감성적 소통을 하는 로봇
		 Paro · Aibo · Hyodol · Dasom
간호 업무 보조 로봇		간호나 간병 업무를 보조하는 로봇
		 TUG · SAM · KIRO-M5

3. 돌봄 로봇의 도입 배경

과학기술과 의학의 발달로 사람들의 평균 수명이 늘어났다. 여전히 사람들은 늙고 병들지만 쉽게 죽지는 않는다. 2022년 유엔이 발표한 세계인구전망(World Population Prospects)에 따르면, 2021년 세계 평균 기대수명은 72.8세로 1990년의 64.0에 비해 거의 9년이 늘어났고, 이러한 추세는 계속되어 2050년에는 77.2세에 도달할 것으로 전망된다.(UN 2022) 그러나 사망률의 감소가 세계 인구 증가로 곧바로 이어지는 것은 아니다. 세계 인구 증가는 사망률뿐만 아니라 출산율에도 영향을 받는다. 사망률이 감소하는 동안 출산율이 일정 수준을 유지한다면 세계 인구는 지속적으로 증가하겠지만, 그렇지 않을 경우 세계 인구는 오히려 감소할 수도 있다. 실제로 UN은 2020년에 세계 인구 성장률이 1950년 이후 처음으로 연간 1% 미만으로 떨어졌으며, 세계 인구는 2080년대에 약 104억 명으로 정점에 도달한 뒤 2100년까지 비슷한 수준을 유지할 것으로 예상하고 있다. 이는 출산율이 지속적으로 감소할 것으로 예측되기 때문이다. UN에 따르면, 2021년 세계 인구의 평균 출산율은 여성 1인당 2.3명으로 1950년 여성 1인당 약 5명에 비해 절반 이하로 감소했으며, 이러한 추세는 이어져 전 세계 출산율은 2050년까지 여성 1인당 2.1명으로 감소할 것으로 예상하고 있다.(UN 2022) 그런데 이러한 사망률과 출산율의 동시적인 감소는 세계 인구 구성에서 65세 이상의 노인이 차지하는 수와 비중이 지속적으로 증가할 것이라는 점을 의미한다. UN은 2022년 세계 인구에서 노인이 차지하는 비율은 9.7%에서 2030년 11.7%에 달할 것으로 예상하고 있으며 2050년에는 16.4%에 이를 것으로 전망하고 있다.(UN 2022) 이러한 노인

비중의 증가가 돌봄과 관련하여 의미하는 바는 명확하다. 돌봄을 받아야 할 대상이 지속적으로 늘어나는 반면, 돌봄을 수행할 인력은 상대적으로 줄어들고 있다. 돌봄 인력의 부족은 이미 예정된 미래이다.

그런데 UN의 이러한 예측은 세계 전체의 추세를 보여줄 뿐, 각 나라의 구체적인 상황을 말해주는 것은 아니다. 실제로 초고령 사회로 급속하게 진입하고 있는 한국의 경우 관련 항목에 대한 예측은 UN의 예측과는 큰 차이를 보인다. 한국 통계청(Statistics Korea, KOSTAT)이 2022년 9월 한국의 「장래인구통계」와 UN의 세계인구전망을 비교 분석하여 발표한 보고서에 따르면, 한국의 인구성장률은 2022년 −0.23%로 세계 인구성장률 0.83%보다 낮으며, 그 차이는 점점 더 벌어져 2070년에는 세계 인구성장률은 0.18%일 것으로 예상되는 데 비해 한국의 인구성장률은 −1.25%에 불과할 것으로 예상된다.(통계청 2022a) 이러한 차이는 한국의 기대수명이 세계 평균보다 높고 좀 더 큰 폭으로 상승해 온 반면, 출산율은 세계 평균보다 낮고 더 큰 폭으로 하락해 왔기 때문이다. 통계청에 따르면, 한국의 기대 수명은 1970년 62.3세에서 2020년 83.5세로 21.2세 증가한 반면, 세계 평균 기대 수명은 1970년 56.1세에서 2020년 72.0세로 15.9세 증가했으며, 출산율은 같은 기간 세계 출산율이 4.83명에서 2.51로 감소하는 동안 한국의 출산율은 3.75명에서 0.81명으로 감소했다. 결국 이러한 차이는 인구 구성 예측에서 세계 평균과 한국 사이의 극적인 차이로 나타난다. 한국의 통계청은 세계 인구에서 65세 이상 노인층이 차지하는 비율이 1970년 5.3%에서 2022년 9.8%로 상승했고, 이러한 상승추세가 계속 이어져 2040년에는 14.5%, 2070년에는 20.1%에 이를 것으로 전망한 반면, 한국의 노인층 비율은 1970년 3.1%에서 2022년 17.5%로 상승했고, 2040년에는 34.4% 그리고 2070년에는 46.4%로 한국 총 인구의 절반에 달할 것으로 예상하고 있다.(통계청 2022a, 〈표2〉) 이러한 인구구성의 변화로 인해 생산연령인구 100명당 부양할 노인인구를 나타내는 노인부양비(old-age dependency ratio)는 2020년 21.8명에서 2036년에 50명을 넘긴 후, 2070명 100.6명 수준에 도달할 전망이다.(통계청 2021) 한국의 돌봄 인력 부족 상황은 현재에도 이미 문제가 되고 있지만,(강신국 2023) 시간이 지날수록 이 상황은 더욱 악화될 것이며, 다른 어느 나라에 비해서도 훨씬 더 심각한 수준에 도달할 것이라는 점은 자명하다.

그런데 한국의 상황을 좀 더 구체적으로 살펴보면 돌봄 문제가 훨씬 더 심각하다는 사실을 알 수 있다. 문제는 단순히 돌봄 제공자의 양적 부족만이 아니다. 초고령 사회로 진입함에 따라, 2020년 43.7세인 중위연령(median age)은 꾸준히 상승하여 2030년에는 49.8세, 2050년에는 57.9세, 2070년에는 62.2세가 될 것으로 예측된다.(통계청 2021) 가족 구성원 대부분이 노인으로 이루어지는 상황을 피할 수 없는 상황이다. 실제로 이미 한국에서 65세 이상 노인으로만 구성된 노인 가구의 비중은 2000년에 전체 가구 수 가운데 12.1%에서 2021년에는 22.8%로 두 배 가까이 증가했으며, 이러한 증가추세는 계속될 전망이다.(통계청 2023)

따라서 노인이 노인을 돌봐야 하는 상황은 피할 수 없는 현실이다. 한국에서 돌봄의 문제는 다만 돌봄 제공자의 양적 부족만이 아니다. 돌봄 제공자가 제공하게 될 돌봄의 질과 돌봄 제공자 자신의 건강 역시 문제가 될 수밖에 없다. 더구나 한국은 고령화를 먼저 경험한 다른 선진국에 비해 노인을 위한 사회보장제도가 잘 갖춰져 있지 않은 상황이다.(통계청 통계개발원 2022) 전통적으로 한국에서 노인에 대한 돌봄은 자식을 포함한 가족이 담당해왔으나, 최근 인식조사에서 밝혀진 바처럼, 노인 자신들을 포함한 대부분의 한국인들은 "노인 돌봄은 국가의 책임(86.2%)"이라고 판단하고 있다.(류호 2023) 이렇게 노인 돌봄을 위한 사회제도와 시설이 잘 갖춰져 있지 않은 상태에서 가족에 의한 돌봄이라는 관행이 해체됨에 따라 점점 더 많은 노인들은 혼자 살기를 선택하고 있다. 2000년부터 2022년 사이 전체 노인인구는 2.7배 증가한 반면, 같은 기간 독거노인의 수는 3.5배 증가했으며, 전체 노인인구 중 혼자 살고 있는 노인의 비율은 2000년 16.0%에서 매년 꾸준히 증가하여 2022년 20.8%에 달하고 있다.(통계청 통계개발원 2022) 그리고 그 결과는 OECD 가입 국가들 가운데 압도적인 1위를 기록한 한국의 노인자살률, 인구 10만명당 46.6명이라는 숫자가 상징적으로 보여준다.(원동욱 2022)

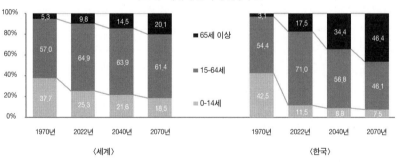

〈표 2〉 세계와 한국의 인구구조

자료: 통계청 2022a

이제 이러한 상황에서, 돌봄 로봇의 도입은 한국 사회에서 어떤 선택이 아니라 필수인 것처럼 보인다. 돌봄 로봇은 돌봄 제공자의 양적 부족을 메우기 위해 도입되어야 하며, 노인에 의한 노인의 돌봄이 야기하는 돌봄의 질적 저하를 완화하고 돌봄 제공자의 건강을 보호하기 위해 도입되어야 한다. 그리고 혼자 살아가는 노인을 신체적으로 정신적으로 지지하기 위해서도 도입되어야 한다. 돌봄 로봇의 도입은 한국 사회에 강제되고 있다.

4. 한국의 돌봄 로봇 정책

이러한 심각한 상황을 고려할 때, 2010년대 말에 이르러서야 돌봄 로봇에 대한 정부 차원의 논의가 시작된 한국의 상황은 다소 늦은 감이 있다. 일본은 이미 2008년 3월 정부 주도하에 장애복지 분야에서의 테크놀로지 활용에 대한 방향성을 설정하고, 2010년 9월 민관이 공동으로 '개호, 복지로봇의 개발과 보급 지원 프로젝트'를 검토하여 실행하고 있다.(송명섭 2022) 물론 이러한 차이는 일본이 한국에 앞서 고령화 문제를 맞이했다는 사실에서 기인한다. 유엔은 인구의 7% 이상이 65세 이상 노인으로 구성되어 있을 경우 그 사회를 고령화 사회로 분류하고, 14% 이상일 경우는 고령 사회, 20% 이상일 경우 초고령 사회로 분류하고 있는데, 일본은 이미 2004년에 초고령 사회에 들어섰으며 2023년에는 인구의 30% 이상이 65세 이상 노인으로 구성될 것으로 예상되고 있다. 그러나 문제는 한국이 일본보다 훨씬 빠른 속도로 초고령 사회로 진입하고 있다는 점이다. 일본은 1969년에 고령화 사회에 들어선 이후 1994년에 고령 사회가 되기까지

25년이 걸렸고, 이후 10년 후에 초고령 사회가 되었다. 반면, 한국은 2000년에 고령화 사회에 들어선 이후 2018년에 고령 사회가 되기까지 18년이 걸렸을 뿐이며, 고령 사회에서 초고령 사회가 되는 데는 불과 7년밖에 걸리지 않을 것으로 예상된다. 이러한 고령화 속도의 차이는 이후의 고령화 추이를 고려할 때 더 극적으로 드러난다. 일본은 인구의 20%가 노인인 초고령 사회에서 30%가 노인으로 구성된 사회가 되기까지 19년이 걸릴 것(2023)으로 예상되는 반면, 한국은 불과 10년밖에 걸리지 않을 것(2035)으로 예상되고 있다.(통계청 2022b) 한국이 뒤늦게 돌봄 로봇 정책에 관심을 집중하고 있는 이유이다.

한국 정부의 공식 문서에 돌봄 로봇에 대한 개발과 보급 계획이 처음으로 등장하는 것은 2017년 11월 대통령직속 4차 산업혁명위원회가 제2차 회의 결과로 발표한 「4차 산업혁명 대응계획 I-KOREA 4.0」이다. 이 문건에서 정부는 노인과 장애인의 간병 및 간호와 신체활동을 지원하는 지능형 로봇을 개발하고 보급하여, 간병 부담을 완화하고 노동력 손실을 방지하겠다는 계획을 밝히고 있다.(4차산업혁명위원회 2017) 이를 위해 정부는 1) 이동과 배변 등을 지원하는 돌봄 로봇을 개발하고, 성능 및 임상 시험을 지원하기 위한 헬스케어 로봇 실증 인프라를 구축하는 한편, 2) 보행 등 신체활동을 지원하는 웨어러블슈트를 개발하여 재활병원과 요양시설 등에 보급을 추진할 것을 밝히고 있다.(4차산업혁명위원회 2017)

이러한 한국 정부의 계획이 좀 더 구체화되는 것은 2019년 3월 산업통상자원부가 발표한 '로봇산업 발전방안'을 통해서이다. 이 문건에서 정부는 한국의 로봇산업을 글로벌 4대강국으로 도약시키겠다는 비전 아래, 1) 3대 제조업 중심으로 제조로봇(즉 산업로봇)을 확대 보급하고, 2) 4대 서비스 로봇 분야를 집중 육성하며, 3) 로봇산업 생태계의 기초체력을 강화할 것을 추진 과제로 제시하고 있다. 돌봄 로봇은 정부가 집중 육성하고자 하는 4대 서비스 로봇 분야에 웨어러블, 의료, 물류 로봇과 함께 포함되어 있으며, 정부는 중증 장애인과 노인 등 사회적 약자를 위한 돌봄 로봇의 연구개발(R&D)과 보급에 2019년부터 2023년까지 집중 지원할 것을 밝히고 있다. 우선 R&D 대상 품목으로는 수요는 많으나, "가격이 높고 기술수준이 낮은 분야"라고 평가 받은 식사보조 로봇과 이승보조 로봇 그리고 배변지원 로봇이 선정되었고, 보급 대상 품목으로는 "직접 체험을 통해 구매 욕구를 유발"하고 "로봇제품의 효과성을 검증"할 수 있는 로봇으로서, 노인 및 장애인의 근력 재생과 일상 활동을 보조하기 위한 재활 로봇과 AI 스피커 등으로 활용될 수 있는 치매예방 로봇이 선정되었다. 보급 대상으로 선정된 돌봄 로봇은 2019년부터 2023년까지 10개의 지자체에 5천대를 보급하는 것이 목표로 제시되었으며, 비용은 정부 50%, 지자체(지방정부와 민간기업) 50%가 부담하는 것으로 계획되었다.(산업통상자원부 2019) 그러나 코로나19 팬데믹 상황으로 인한 민간의 투자 부담 가중과 로봇 수요 위축 등을 우려하여 2020년부터 부담 비율이 정부 70%, 지자체(지방정부와 민간기업) 30%로 조정되었다.(KIRIA 보도자료 2020a)

산업통상자원부의 이러한 계획은 보건복지부와의 협업을 하게 되면서 다소 확장되고 수정된다. 2019년 6월 산업통상자원부와 보건복지부가 공동으로 배포한 보도 자료에 따르면, 양 기관은 돌봄 로봇 활성화를 위해 유관기관이 참여하는 '스마트 돌봄 로봇 협의회'와, 과제 수행기관 및 수요자가 참여하는 '돌봄로봇 네트워크 포럼'을 구성하여 지속적으로 협력해 나가기로 하였다. 구체적으로 산업통상자원부는 2019년부터 2021

년까지 "돌봄 로봇 공통 제품 기술 개발 사업"을 진행함으로써 관련 기술을 개발하고, 보건복지부는 2019년부터 2022년까지 "돌봄 로봇 중개 연구 및 서비스 모델 개발 사업"을 진행함으로써 개발한 기술을 현장에 적용하고 기술 개발에 유용한 정보를 산업통상자원부에 제공하는 역할을 맡는다. 이러한 산업통산자원부와 보건복지부의 협업으로 인해, 산업통산부의 R&D 대상 돌봄 로봇은 기존의 식사보조 로봇과 이승보조 로봇 그리고 배변지원 로봇 3종에 욕창예방 로봇이 추가되어 총 4종으로 늘어났고, 양 기관은 2022년 이후에 그 대상을 〈그림 1〉에 있는 다른 돌봄 로봇으로 점차 확대할 계획임을 밝혔다.(산업통상자원부·보건복지부 2019) 실제로 최근 보도에 따르면, 정부는 2023년부터 2026년까지 "사회적 약자 자립지원 로봇 기술 개발 사업"에 240억원을, 2023년부터 2027년까지 "수요자 중심 돌봄 로봇 및 서비스 실증 연구개발 사업"에는 272억원을 각각 투자할 계획이며, "대상자를 보다 중증 위주로 확장하고 기술 개발도 9종(식사보조, 이승보조, 배변지원, 욕창예방, 이동지원, 운동보조, 목욕보조, 커뮤니케이션, 스마트 모니터링 및 코칭 로봇)까지 확대할 예정"으로 있다.(이지은 2023) 그리고 현재 이 사업들은 신규 지원 대상 과제를 공모 중이다.

산업통상자원부가 2019년 3월에 발표한 '로봇산업 발전방안'에 포함되어 있던 돌봄 로봇 공급 사업은 한국로봇산업진흥원(Korea Institute for Robot Industry Advancement, KIRIA)에 의해 '로봇활용 사회적 약자 편익지원 사업'이라는 이름으로 시행되고 있다. 2019년 시범사업으로 진행된 이 사업은 경상남도 김해시에 배설 케어 로봇과, 서울 구로구에 스마트 토이봇을 공급한 것을 시작으로(KIRIA 보도자료 2019), 정식 사업이 된 2020년부터 2023년까지 매년 6개와 7개, 8개와 16개(1차 10개, 2차 6개)의 과제를

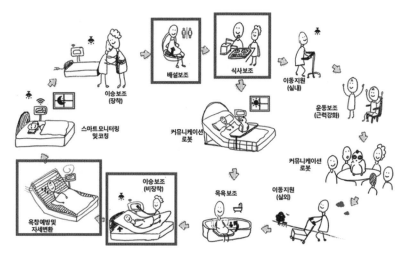

〈그림 1〉 R&D 대상 돌봄 로봇
자료: 보건복지부 국립재활원 사이트. 돌봄로봇중개연구

선정하여 한국의 다양한 지역에 돌봄 로봇을 보급해 왔다.(KIRIA 보도자료 2020b, 2021, 2022, 2023a, 2023b) 사업에 선정된 과제들을 공급된 로봇 별로 분류해 보면, 보행 보조 로봇 등의 공급을 통한 장애인 및 노인 재활사업이 21개로 가장 많았고, 소셜 로봇 공급 사업이 10개(정서지원 로봇 공급 사업 6개와 교육 및 치매 예방 기능 등을 갖춘 생활지원 로봇 사업 4개), 상지 재활 로봇 공급 사업이 4개(중복 포함), 체간 안정화 재활로봇 공급사업과, 배설 케어 로봇과 같은 신체 지원 로봇 공급 사업이 각각 2개였다.(중복 포함, 〈표4〉 참조) 돌봄 로봇 공급 사업임에도 불구하고 선정된 과제 총 37개 가운데 26개가 재활 로봇 공급 사업으로 전체의 70% 이상을 차지하고 있다는 사실은 주목할 만하다.

〈표 3〉 로봇활용 사회적 약자 편익지원 사업 선정 과제

분류		연도	과제명	수요처
재활로봇	보행보조 및 하지재활	2020	충청남도 도립병원 웨어러블 로봇 활용 보행 장애 재활 지원사업	충청남도 서산의료원
			재활, 간병인 편익증진을 위한 케어로봇 보급 프로젝트 (하지 재활 로봇)	대구기계부품연구원
			재활치료 서비스의 혁신 로봇재활 프로젝트	경기도 용인시 기흥복지관
		2021	노인 및 장애인 맞춤형 재활 지원을 위한 웨어러블 로봇 서비스	국립강릉원주대학교
			미성년자 대상 재활 의지 고취를 위한 웨어러블 착용 테마파크 편익 지원	경상남도 로봇랜드재단
			사회취약계층을 위한 원스톱 보행로봇 재활프로젝트 새로운 시장 walking again	경기도 평택시 송탄 보건소
			보행약자를 위한 웨어러블 보행도움로봇 도입, 모두가 건강하남!	경기도 하남시 장애인복지관
		2022	보행장애 어린이를 위한 로봇보조 보행재활훈련 제공 사업	경기도 성남시 산업 진흥원
			보행장애인의 재활 및 사회적 관계 회복을 위한 웨어러블로봇 실증사업	강원도 강릉시 장애인 종합복지관
			안산시 보행약자를 위한 웨어러블 보행훈련로봇 도입사업	경기도 안산시 상록 장애인 복지관
			남양주시 성인장애인 보행로봇 웨어러블 도입, 함께 걷기 프로젝트(Smart together! Smart walk!)	경기도 남양주시 장애인 복지관
		2023 (1차)	웨어러블 보행 재활로봇을 활용한 근골격 대수술 고령자 대상 조기회복 프로그램 개발	강남세브란스병원
			지역사회 소아/성인의 신체적 장애를 극복하기 위한 첨단 웨어러블 재활보행로봇을 활용한 지역거점병원의 미래재활서비스 구축	전북대학교병원
			재활로봇을 활용한 장애 소아청소년 및 고령자 의료서비스 지원사업 (하지 재활 로봇)	경상남도 김해시 의생명 산업진흥원
			거제시 거주 사회적약자를 위한 지역 기관 연계 환자 맞춤형 로봇보행 재활의료 서비스	경상남도 거제시 마하재활병원
			보행보조로봇 도입을 통한 화상환자 맞춤형 로봇재활치료	한림대학교 한강성심병원
			지역사회 장애인의 유산소성 운동을 위한 보행 재활시스템(GTR-PL) 서비스 실증	원광대학교 광주한방병원
			보행기능 장애인의 신체 및 정서기능 향상을 위한 웨어러블로봇 실증사업	경상북도 상주시 장애인 종합복지관
			남양주시 학령기 장애 아동 웨어러블 보행로봇 도입, 디딤발 프로젝트	경기도 남양주시 장애인 복지관
			웨어러블 로봇을 활용한 장애아동의 즐거운 재활과 자기주도 활동 유도	강원도 강릉시 장애인 종합복지관
		2023 (2차)	강원권역 의료 취약자 편익 지원을 위한 최첨단 로봇재활치료 특화센터 환경 구축	강원도 재활병원

분류		연도	과제명	수요처
재활 로봇	체간 안정	2022	복지관 내 체간안정화 재활로봇 도입 및 재활서비스 제공	대전광역시 동구청
			보건소 및 치매안심센터 체간안정화 재활로봇 도입 및 재활서비스 제공	충청남도 금산군 보건소
	상지 재활	2021	상지 기능 향상을 위한 재활 로봇 치료의 도입	서울특별시 성동재활의원
			상지재활환자의 평가 및 치료용 로봇 보급 프로젝트	대구광역시 유성구 장애인복지관
		2023 (1차)	[중복] 재활로봇을 활용한 장애 소아청소년 및 고령자 의료서비스 지원사업 (상지 재활 로봇)	경상남도 김해시 의생명 산업진흥원
		2023 (2차)	상지재활로봇 실증을 통한 '지역사회 장애인 맞춤형 로봇재활센터' 구축	경기도 화성시 동탄 아르딤복지관
소셜 로봇	정서 지원	2022	휴머노이드 로봇활용 즐겁고 스마트한 노인요양시설 전환	전라남도 해남군청
			휴머노이드형 로봇과 함께하는 국가유공자 스마트 건강관리 서비스	한국보훈복지의료공단
		2023 (1차)	반려로봇과 홀몸어르신이 함께하는 생활밀착형 돌봄서비스	경상북도 의성군
		2023 (2차)	충북 복지 사각지대 해소 '돌봄AI반려봇' 지원사업	충청북도 과학기술 혁신원
			AI 로봇을 활용한 독거어르신 안심 돌봄 서비스	경기도 동두천시
			독거어르신과 AI 휴먼케어 반려로봇의 행복한 동행	충청남도 당진시청
	생활 지원	2020	디지털 격차해소 교육로봇 보급사업	서울디지털재단
			치매예방 및 인지기능 강화 훈련을 위한 로봇기반 인지훈련 콘텐츠 및 로봇보급	경기도 성남시 수정구 보건소
		2021	치매 걱정 없는 살기 좋은 치매안심도시 서구를 위한 돌봄로봇 시장 검증사업	전라남도 광주 서구청
		2023 (2차)	장애인 생활 자립 지원을 위한 로봇 활용 보급사업	전라남도 순천시청
신체 지원 로봇		2020	성남시 사회적약자를 위한 배설케어로봇 보급사업	경기도 성남시 고령 친화관
			[중복] 재활, 간병인 편익증진을 위한 케어로봇 보급 프로젝트 (소변처리 로봇)	대구기계부품연구원

자료: KIRIA 보도자료 2020b, 2021, 2022, 2023a, 2023b

그런데 돌봄 로봇 공급 사업이 KIRIA가 수행하는 '로봇활용 사회적 약자 편익지원 사업'만 있는 것은 아니다. 돌봄 로봇과 관련된 한국 정부의 보급지원 정책은 크게 세 가지가 있다고 평가된다.(정일영, 김가은 2019) 앞서 언급한 '로봇활용 사회적 약자 편익지원 사업' 외에, 산업통산자원부와 한국로봇산업진흥원과 협력하여 보건복지부 산하의 국립재활원이 수행하고 있는 '재활로봇 실증지원 사업(구 의료재활로봇보급사업)'이 있으며, 과학기술정보통신부 산하의 한국지능정보사회진흥원(National Information society Agency, NIA)이 수행하고 있는 '사회현안해결 지능정보화 사업'이 있다.

먼저 '재활로봇 실증지원 사업'은 "장애인 및 노인의 삶의 질을 향상 시킬 수 있는 재활 치료용 로봇 및 일상생활 보조로봇의 신 시장창출과 경쟁력 향상"이라는 목표를 가지고 2012년부터 시작된 사업으로서 국립재활원 재활연구소 내 설치된 '의료재활로봇보급사업단'에 의해 운영되고 있다(보건복지부 국립재활원 사이트). 사업의 목표가 재활 치료용 로봇과 일상생활 보조로봇의 새로운 시장을 창출하고 그 경쟁력을 향상시키는 것인 만큼, 본 사업을 운영하는 사업단의 역할은 아직 임상 활용 이력을 충분히 확보하지는 못했지만 활용 가능성이 충분한 재활로봇을 발굴하고, 그것을 병원과 요양시설 등 관련시설에 공급함으로써 임상적 유용성을 검증하고 임상 데이터를 확보하여 로봇의 개선과 보급 및 확산에 기여하는 데 있다.(권순철, 이금주 2020) 2012년 보행재활로봇(Walkbot_S) 4대를 국립재활원과 서울대학병원, 양산부산대학교병원과 연세대학교 원주기독교병원에 공급한 것을 시작으로 2020년까지 본 사업은 총 22종 152대의 재활치료용 로봇과 일상생활 보조로봇을 병원과 장애인 복지관 등 각종 관련 기관에 보급하여 운영 중이다. 그러나 2021년 보건복지부는 해당 사업의 수요처 공모를 실시하였으나 그 결과를 발표하지 않았고, 대신 '재활로봇 임상실증지원 사업' 지원과제를 새롭게 모집하여 발표하였다. '재활로봇 임상실증지원 사업'으로 기존의 사업을 대체한 것이다. 이 '재활로봇 임상실증지원 사업'은 '재활로봇 실증지원 사업'과 많은 부분이 일치하지만, 재활로봇 임상실증 결과를 이용한 SCI급 논문게재를 요구하는 등, 객관적인 임상 데이터 확보에 좀 더 큰 비중을 두고 있는 사업이다.(국립재활원 2021) 그러나 사업기간 만료로 인해 '재활로봇 실증지원 사업'도 '재활로봇 임상실증지원 사업'도 2022년부터는 더 이상 공모를 진행하고 있지 않다. 대신 2023년부터 '수요자 중심 돌봄 로봇 및 서비스 실증 연구개발 사업'을 2027년까지 진행한다. 2012년부터 2020년까지 진행된 '재활로봇 실증지원 사업'의 내용은 다음 〈표 4〉와 같다.

〈표 4〉 재활로봇 실증지원 사업 내용

연도	2012	2013			2014	
보급 로봇	보행재활로봇 (Walkbot_S)	상지재활로봇 (Neuro-X)	전동이승로봇 (Robin-T)	식사보조로봇 (CareMeal)	체간보정재활로봇 (3DBT-33)	손 재활로봇 (RAPAEL Smart Glove)
대수	4	8	20	20	8	14
보급 기관	국립재활병원 서울대병원 부산대병원 연세원주기독교병원	국립재활병원 동아대학교병원 충남대학교병원 양산부산대학교병원 대구광역시보조기구센터			국립재활병원 단국대학교병원 서울특별시 보라매병원 분당재생병원	

연도	2015		2016		2017	
보급 로봇	시각장애인용 독서확대로봇 (E-bot PRO)	엔드이펙터형 보행재활로봇 (MORNING WALK)	배설케어로봇 (CURA1020)	착용형 보행 보조로봇 (ANGELEGS)	상지재활로봇 (3DBT-61)	외골격제어형 보행재활로봇 (EXOWALK)

대수	15	3	12	4	3	3
보급 기관	국립재활병원 국민건강보험 일산병원 제주권역재활병원 노원시각장애인복지관 실로암시각장애인복지관 한국실명예방재단		국립재활병원 고려대학교 안암병원 충남대학교병원 전남대학교병원		국립재활병원 충남대학병원 동국대학교 일산병원	

연도	2018	2019		2020		
보급 로봇	지능형 하지 재활 보행보 조로봇 (SUBAR)	외골격제어형 보행재활로봇 (EXOWALK PRO)	엔드이펙터형 보행재활로봇 (MORNING WALK)	손 재활로봇 (RAPAEL Smart Glove)	보행재활로봇 (Walkbot_G)	외골격제어형 보행재활로봇 (EXOWALK PRO_Lift)
대수	3	3	3	1	1	1
보급 기관	국립재활병원 중앙대학교 병원 한림대학교 한강성심병원	중앙대학교 병원 연세대학교의과대학 세브란스병원 인제대학교 일산백병원		다우리재활병원	국민건강보험 일산병원	행복한요양병원

연도	2020			
보급 로봇	웨어러블 손보조로봇(Neomano)	착용형 보행보조로봇(ANGELEGS)	상지재활로봇 (RAPAEL Smart Board)	엔드이펙터형 보행 재활로봇 (Morning Walk)
대수	20	3	1	2
보급 기관	연세대학교의과대학 세브란스병원	연세대학교의과대학 세브란스병원	유천의료재단 새롬재활요양병원	전북대학교병원 유천의료재단 새롬 재활요양병원

자료: 보건복지부 국립재활원 사이트. 재활로봇실증지원사업

　　'사회현안해결 지능정보화 사업'은 한국 과학기술정보통신부 산하의 NIA가 2019년에 처음 시작한 사업이다. NIA는 이 사업의 목표를 "지능정보기술을 활용하여 국민생활과 밀접한 사회현안을 좀 더 효율적으로 해결함으로써, 사회적 약자 보호 및 국민의 삶의 질 향상에 기여"하는 것이

라고 밝히고 있다.(NIA 2020) 그리고 여기서 "지능정보기술"이란 "AI(인공지능)의 '지능'과 ICBM(IoT, Cloud Computing, Big Data, Mobile)에 기반한 '정보'가 종합적으로 결합된 형태"로 정의된다(NIA 2020). 그런데 주목할 점은 NIA가 이러한 사업이 필요한 이유로 1) 급격한 노령화와 독거노인의 증가 등으로 인해 장애인과 고령층 등 사회적 약자가 직면하는 민생현안이 증대되고 다양화되고 있으며, 2) 사회적 약자에 대한 돌봄은 대표적인 시장 실패의 영역으로 정부의 역할이 필수적으로 대두되고 있다는 현실을 말하고 있다는 점이다.(NIA 2020) 따라서 본 사업의 목적과 방법은 다음과 같이 정리될 수 있다. 본 사업은 노인과 장애인 등 사회적 약자들이 마주하게 되는 다양한 생활의 어려움을 AI나 Big data, ICT 등의 기술을 통해 제공되는 돌봄 서비스를 통해 해결하고자 하는 사업이다.

　NIA는 이러한 사업을 통해 지자체와 복지 및 공공시설 등을 중심으로 지능정보기술을 활용한 사회적 약자를 위한 지능형 서비스를 개발하고 실증해 나갈 수 있을 것이라고 기대하는 한편, 지능정보기술을 활용한 새로운 돌봄 시장의 창출에 마중물 역할을 수행하고, 사회적 약자의 보호와 복지 증진을 통해 복지 사각지대를 해소하는데 기여할 수 있을 것이라고 기대하고 있다.(NIA 2021)

　본 사업의 정부출연금은 매년 총 36억 4000만 원이며, 매해 4개의 신규 과제를 공모하면 지자체와 민간기업 등은 '로봇활용 사회적 약자 편익지원 사업'에서와 마찬가지로, 컨소시엄을 구성하여 지원할 수 있다. 정부의 지원 기간은 1년이며 우수과제로 선정될 경우 확산 보급을 위해 1년 연장 지원을 받을 수 있다. 선정된 사업체는 정부 지원 기간이 끝난 이후에도 자체 예산을 확보하여 최소 3년간 사업을 유지 및 운영해야 할 의무가 있다.(NIA 2020) 2019년에는 정부가 신규 과제를 독자적으로 결정하여 제시하였으나, 2020년부터는 현장 인터뷰와 전문가 연구단, 그리고 대국민 공모전 등을 통해 발굴한 주제를 지정하여 공모하고 있다.(NIA PR 2020, 2021) 특히 2021년에는 3개의 과제를 지정하여 공모하고 1개의 과제를 자유공모(free subject)로 추진하였는데, 이 '자유공모' 항목에는 대전시와 ㈜ 멀틱스가 제안한 "지능형 민원처리 서비스"가 선정되었다.(장하리 2022) 2019년부터 2021년까지 NIA가 공모한 과제는 〈표 5〉와 같으며, 이 사업도 '재활로봇 실증지원 사업'과 마찬가지로 2022년부터 더 이상 공모가 진행되지 않고 있다.

〈표 5〉 사회현안해결 지능정보화 사업 공모 과제

연도	서비스	주요내용		연장
2019	청각장애인을 위한 지능형 문자 및 영상 변환 안내 서비스	교통 기관 대상 열차와 역사 내 안내 음성을 인식, 문자와 수어 영상으로 변환하여 농인의 스마트폰과 역사 내 전광판 송출		O
	인공지능 기반 발달장애 인지학습 서비스	스마트 디바이스(스마트폰, 태블릿 PC)를 활용, 지적장애 아동을 대상으로 영역별 인지 능력 측정 및 게임 기반의 맞춤학습 서비스 제공		O
	치매 돌봄 로봇 서비스	댁이나 시설의 65세 이상 경증 치매환자를 대상으로 치매 돌봄 로봇을 활용, 인지 기능 강화 및 일상생활 향상을 통해 치매완화		X
	재가독거노인 스마트 일상생활 지원 서비스	AI돌봄 로봇, IoT 디바이스, 인체보호 에어백 등을 통해 재가 독거노인의 심리적 외로움 해소 및 스마트한 일상생활 지원		X

2020	시각 및 지체 장애인 실내 길 안내 내비게이션 서비스	시각 및 지체 장애인의 이동권을 보장하고 보행 중 안전사고를 예방하기 위한 실내 길안내 내비게이션 서비스		X
	지능형 키오스크 배리어프리 서비스	음성 및 안면 인식 등의 지능정보기술을 활용한 장애인과 고령층도 편하게 이용할 수 있는 지능형 키오스크 서비스		O
	스마트 안심 요양 서비스	요양환자의 생활욕구를 해결하고, 환자 가족을 안심시키며, 요양보호사의 부담을 줄이기 위한 ICT를 활용한 서비스 개발		O
	AI 스피커를 활용한 취약계층 맞춤형 행정, 복지 서비스	취약계층(노인, 장애인, 결손가정, 다문화가정 등)을 대상으로 AI스피커를 활용한 맞춤형 행정, 복지 서비스 플랫폼 구축 및 실증		X
2021	휠체어 사용자를 위한 실외 길 안내 서비스	휠체어 사용자들이 원하는 목적지까지 안전하게 이동할 수 있도록 지원하는 실외 길안내 내비게이션 서비스		X
	수어기반 유아동 교육 서비스	청각장애 아동이 가정 내에서 부모와 함께 수어를 배우고 한글과 숫자 등도 수어로 배울 수 있는 수어 기반 유아동 교육 서비스		X
	시각장애인을 위한 스마트 독서지원 서비스	시각장애 학생들이 수험서와 전공서 등을 대체 도서로 제공받고 시간과 장소에 구애 없이 열람 가능한 스마트 독서지원 서비스		X
	자유공모	사회적 약자의 어려움을 해결할 수 있는 지능정보기술을 활용한 서비스를 자유롭게 기획하여 제안		X

자료: NIA 2020, 2021, 과학기술정보통신부 보도자료 2020, 2021

5. 평가와 문제점

지금까지 살펴본 한국 정부의 돌봄 로봇과 관련한 정책들을 살펴보면, 한국 정부의 돌봄 로봇 정책은 크게 두 축으로 구성되어 있다는 점을 알 수 있다. 한 축은 산업통상자원부와 보건복지부를 중심으로 한 그룹이고 다른 한 축은 과학기술정보통신부를 중심으로 한 그룹이다. 그리고 첫 번째 그룹에서 중심 역할을 하고 있는 것은 산업통상자원부이다. 이는 산업통상자원부와 보건복지부의 협업이 처음부터 산업통상자원부가 발표한 계획안에 보건복지부가 참여하는 형식으로 이루어졌다는 점에서 당연한 결과라고 할 수 있다. 물론 산업통상자원부와의 협업 이전에 보건복지부 산하의 국립재활원이 자체적으로 관련 논의를 진행하고 있었다는 것은 사실이다.(Lim et al., 2023) 그러나 앞서 보았던 대로, 한국에서 돌봄 로봇의 육성에 대한 구체적인 계획이 처음으로 공식 발표된 것은 산업통상자원부가 2019년 3월 발표한 '로봇산업 발전방안'에서였다. 이 방안 안에 돌봄 로봇은 산업통상자원부가 집중 육성하고자 하는 4대 서비스 로봇 분야 중 하나로 포함되어 있었으며, 이것이 의미하는 바는 명확하다. 돌봄 로봇에 대한 산업통상자원부의 집중 육성 계획은 돌봄 그 자체를 위한 것이 아니라 돌봄 로봇 산업을 위한 것이다.

실제로 산업통상자원부의 계획안이 명확하게 밝히고 있는 바처럼, 애초에 산업통상자원부가 집중 육성할 4대 서비스 로봇 분야에 돌봄 로봇을 선정한 기준 자체가 이 분야의 시장성과 성장성이었다.(산업통상자원부 2019) 그렇다면 이제 돌봄 로봇의 연구개발(R&D) 대상을 선택한 기준인 "수요는 많으나, 가격이 높고 기술수준이 낮은 분야"라는 평가 역시, 단순히 해당 로봇들이 제공할 돌봄 서비스를 필요로 하는 사람들이 많다는 의미로만 이해할 수는 없다. 산업통상자원부의 이러한 평가는 해당 로봇들이 가진 잠재적 시장성이 높다는 의미로 이해해야 한다. 식사보조 로봇과 이승보조 로봇 그리고 배변지원 로봇은 그것이 제공할 수 있는 돌봄에 의해 혜택을 볼 수 있는 사람들이 많다는 이유로만 연구 개발되고 있는 것이 아니다. 차라리 이 로봇들을 개발함으로써 얻을 수 있는 경제적 이득이 많기 때문에 연구 개발되고 있는 것이다. 보급 대상 품목으로 선정된 손 재활 로봇과 AI 치매예방 로봇의 경우도 마찬가지이다. 산업통상자원부는 이 품목을 보급 대상으로 선택한 이유로 "직접 체험을 통해 구매 욕구를 유발"할 수 있고, "로봇제품의 효과성을 검증"할 수 있기 때문이라고 밝히고 있다.(산업통상자원부 2019) 즉 직접 사용하게 함으로써 구매를 유도하고 정말로 효과가 있다는 사실을 널리 알림으로써 제품을 광고하는 것이 목적이다. 보급의 진정한 목적은 돌봄 서비스의 제공 자체에 있지 않다. 목적은 돌봄 로봇 시장을 새롭게 만들어내고 확장하는 것이다.

이러한 정부의 정책이 잘못이라는 주장은 아니다. 산업통상자원부가 잠재성 높은 새로운 시장을 창출하고 확장시키기 위해 노력하는 일은 자연스럽다. 문제는 보건복지부가 산업통상자원부의 사업 기획에 참여함으로써 종속된 역할을 맡게 되었다는 점이다. 보건복지부 산하의 국립재활원은 오랜 기간의 문헌 검토와 현장 관찰을 진행하는 한편, 돌봄 제공자와 돌봄 대상자 그리고 돌봄 영역 전문가를 심층 인터뷰 하고, 수차례의 공개 심포지엄을 개최함으로써 R&D 대상이 될 돌봄 로봇 9종을 선별하고 그중 4종을 우선 집중투자 대상으로 선정했다.(Lim et al., 2023) 그리고 이 결과는 산업통상자원부와의 협업 과정에서 산업통상자원부가 애초에 제시했던 R&D 대상 돌봄 로봇을 3종에서 4종으로 변경시켰다. 그러나 이러한 협업을 통해 그 선정의 의미도 변경될 수밖에 없다. 앞서 보았던 것처럼, 산업통상자원부와 보건복지부의 협업에서 산업통상자원부는 돌봄 로봇 제품 기술 개발을 담당하는 반면, 보건복지부는 돌봄 로봇 중개 연구 및 서비스 모델 개발을 담당한다.(산업통상자원부-보건복지부 2019) 즉 서비스 모델 개발의 역할이 있지만, 보건복지부의 주된 역할은 산업통상자원부가 개발한 돌봄 로봇 기술을 현장에 적용하여 검증하는 것이고, 그렇게 얻어진 임상 결과 데이터를 다시 산업통상자원부에 제공함으로써 좀 더 좋은 돌봄 로봇 기술 개발에 기여하는 것이다. 그런데 산업통상자원부의 돌봄 로봇 기술 개발의 목적이 돌봄 로봇 시장을 창출하고 확장하는 데 있는 것이라면, 보건복지부의 이러한 역할의 의미는 결국 시장을 창출하고 확장시켜 나갈 수 있는 더 나은 돌봄 로봇 제품 개발에 기여하는 것이라고 할 수 있다. 산업통상자원부에 그 활동이 종속됨으로써 이제 보건복지부에서조차 돌봄은 궁극적인 목적이 아니다. 보건복지부가 2021년에 '재활로봇 실증지원 사업'을 '재활로봇 임상실증지원 사업'으로 대체하고 재활로봇 활용에 대한 객관적인 임상 데이터 확보에 좀 더 큰 비중을 둔 이유가 다른 데 있지 않다.

이제 이러한 관점에서 산업통상자원부 산하 KIRIA가 수행한 '로봇활용 사회적 약자 편익지원 사업'이 돌봄 로봇 공급 사업이었음에도 불구하고, 이 사업에 선정된 과제들의 70% 이상이 재활로봇 공급 사업이었으며, 그 중에서도 특히 보행 재활과 관련된 사업이 많았던 이유도 설명할 수 있다. 사실 돌봄 로봇 사업에 후발주자인 한국은 아직 임상에 적용할 만한 제품들을 많이 확보하지 못한 상태이다.(최영림 외 2023) 따라서 보급할 돌봄 로봇 선정 기준을 임상에 적용하여 시장을 창출하고 확장할 수 있는 가능성으로 삼는다면, 선정될 만한 돌봄 로봇의 종류가 다양하지 않은 것이 현실이다. 이러한 상황에서 '로봇활용 사회적 약자 편익지원 사업'에 선정된 과제들이 재활 로봇에, 그것도 특별히 보행 재활 로봇에 편중되어 있다는 사실은, 이 선정된 로봇들이 현재 한국에서 가장 높은 상품성과 시장성을 가진 제품일 것이라고 추정하도록 만든다. '로봇활용 사회적 약자 편익지원 사업'을 통해 이루어지는 돌봄 로봇의 공급은 그 로봇이 제공하는 돌봄 서비스가 현재 한국 사회에서 가장 필요하고 시급한 것이기 때문이 아니라, 지금 현재 한국에서 그 로봇들이 가장 높은 상품성과 잠재적 시장성을 가지고 있기 때문에 이루어졌다.

물론 보행 재활 로봇 개발이 중요하지 않다는 말이 아니다. 돌봄의 궁극적인 목적이 돌봄 대상자의 자율적인 삶에 있다면 재활 로봇 역시 큰 틀에서 돌봄 로봇에 속할 것이며, 재활과 돌봄 자체가 서로 긴밀하게 연결되어 있어서 그 둘을 언제나 명확하게 구분할 수 있는 것도 아니다. 그러나 재활은 언제나 그 초점이 미래에 맞춰져 있다. 노인과 장애인, 사회적 약자들이 지금 바로 여기서 필요로 하는 돌봄 서비스를 대부분의 재활 로봇은 제공해 줄 수 없다. 이러한 점에서 '사회현안해결 지능정보화 사업'은 가치를 갖는다. 비록 이 사업 역시 "돌봄 시장의 창출에 마중물 역할"을 할 것을 기대하고 있지만, NIA가 진행한 이 사업은 무엇보다 우선 장애인과 고령층이 현실에서 직면하는 민생현안에 초점을 맞추고 있다. 공모할 과제의 선정 자체를 현장 인터뷰와 전문가 연구단, 그리고 대국민 공모전 등을 통해 발굴해내는 방식이 이를 잘 증명해 준다. 앞서 보았던 것처럼, 이 사업은 사회적 약자에 대한 돌봄을 대표적인 시장 실패의 영역으로 규정함으로써 돌봄의 책임을 정부의 것으로 명확히 했고(NIA 2020), 정부가 지능정보기술을 통해 제공할 돌봄 서비스를 통해 사회적 약자가 지금 바로 여기서 직면하고 있는 구체적인 돌봄의 문제들을 해결하고자 했다. 돌봄 로봇 산업이 아니라, 돌봄 그 자체에 좀 더 집중했던 사업이었다고 평가할 수 있다.

이렇게 한국 정부의 돌봄 로봇 정책을 구성하는 두 축을 평가했을 때, 한국의 돌봄 로봇 정책은 산업과 복지라는 나름의 균형을 갖추고 있는 것처럼 보인다. 그러나 앞서 말했던 바처럼, 이 두 축의 사업 모두 현재는 종료된 상태이다. 산업통상자원부와 보건복지부가 구성하고 있던 한 축의 사업들은 사업 기간이 만료되어 후속사업인 산업통상자원부의 "사회적 약자 자립지원 로봇 기술 개발 사업"과 보건복지부의 "수요자 중심 돌봄 로봇 및 서비스 실증 연구개발 사업"으로 대체되었지만, 과학기술정보통신부 산하의 NIA가 진행하던 사업에는 마땅한 후속사업이 존재하지 않는다. 돌봄 로봇 산업이 아니라 돌봄 로봇이 제공하는 돌봄 자체에 중점을 두었던 사업이 NIA가 진행했던 사업이었다는 점에서, 돌봄 로봇 산업이 아닌, 돌봄 로봇이 제공할 돌봄 자체에 대한 한국에서의 전망은 그리 밝다고 말할 수 없는 상황이다. 물론 산업통상자원부와 보건복지부가 새롭게 진행하는 사업에 기대할 부분이 없는 것은 아니다. 기존의 R&D 대상을 4종에서 9종으로 확대하면서 돌봄 로봇이 제공할 서비스의 종류가 노인과 장애인 등 사회적 약자의 일상생활 보조로 넓혀졌다는 점은 분명 긍정적으로 평가할 부분이다. 한국에서 펼쳐질 돌봄 로봇의 미래는 돌봄 로봇 산업의 성장이 아니라 돌봄 로봇이 제공할 돌봄 그 자체에 얼마나 높은 중요성을 부여하는가에 따라 달라질 것이다.

6. 결론

인간의 평균 수명이 늘어나고 출산율이 낮아지면서, 돌봄 로봇의 필요성은 날로 증가하고 있다. 특히 한국은 전 세계에서 가장 빠른 속도로 고령화가 진행되고 있으며, 이에 한국 정부는 2019년부터 정부 차원에서 돌봄 로봇의 개발과 보급에 노력해 왔다. 크게 두 축으로 진행된 한국 정부의 노력은 산업과 복지 사이에서 나름의 균형을 이루고 있었던 것처럼 보인다. 그러나 그 구체적인 내용을 살펴보면, 규모 면에서나 구성 면에서 돌봄 로봇이 가져올 사회적 약자에 대한 복지 증진보다는 돌봄 로봇으로 인한 산업 발전 쪽에 정책의 무게가 실려 있었다는 평가를 피할 수 없다. 더욱이 2023년 현재, 기존에 복지 증진 쪽의 역할을 수행하고 있었다고 평가할 수 있는 NIA의 사업은 후속 사업 없이 종료된 상황이다. 한국 정부의 돌봄 로봇 정책이 돌봄 로봇으로 인해 제공될 돌봄 자체보다는 돌봄 로봇으로 인한 산업 발전에 더 큰 무게를 두게 되는 것은 아닌지 우려된다.

그런데 본문에서는 다루지 않았지만, 한국의 돌봄 로봇 정책들을 살펴보면 가장 근본적인 물음이 제기되지 않았다는 점을 알 수 있다. 이는 정부 정책을 수립하는 과정에서뿐만 아니라 학계에서도 마찬가지이다. 돌봄 공백의 문제가 시급히 해결해야 할 문제인 탓인지, 돌봄 로봇의 도입은 당연히 해야 할 바인 것처럼 전제된다. 돌봄 로봇의 도입 자체에 대한 질문은 거의 제기된 바 없다. 가령 식사 보조 로봇을 사용할 때 발생하는 다양한 문제점과 그릇이나 숟가락의 크기 등 로봇의 개선 사항에 대해서는 연구가 있지만, 식사 보조 로봇을 사용하는 것이 적합한 일인지, 이

것을 사용할 때 발생할 수 있는 어떤 윤리적 문제가 있는지 등에 대해서는 학계에서조차 관심이 없다. 돌봄 로봇의 윤리적 문제를 다룬 배영현, 이은영, 최영림 등의 아주 드문 예외가 있을 뿐이다.(배영현 2022, 이은영 2022, 최영림 외 2023) 그러나 돌봄은 그 자체로 윤리적 행위이다. 자율성이 낮은 이승 보조, 욕창예방, 배설보조, 식사보조 로봇에서부터 상대적으로 자율성이 높은 AI돌봄 로봇에 이르기까지, 돌봄 로봇이 수행하는 모든 역할들에는 윤리적 결과가 필연적으로 뒤따른다.

물론 현재 사용되고 있는 돌봄 로봇이 윤리적 행위에 대한 아무런 고려 없이 만들어진 것은 아니다. AI돌봄 로봇이 돌봄 대상자가 약 복용을 거부할 때, 합리적인 이유를 제시하며 반복해서 복약을 제안하고 3번 거부할 경우 인간 보호자에게 복약 거부 사실을 알리도록 프로그램되어 있는 것이 한 예이다.(최영림 외 2023) 그런데 왜 3번인가? 돌봄 로봇에게 부여될 다양한 윤리적 행위 규칙들은 어떤 기준에서 결정되고, 또 어떤 방식으로 돌봄 로봇에게 부여되고 있는가? 아마도 돌봄 로봇 개발자들은 기존에 이루어진 로봇 윤리에 대한 연구나 해외의 돌봄 로봇과 관련된 윤리적 연구들을 참조했을 것이다. 그러나 돌봄은 인간의 보편적이고 근본적인 활동인 동시에, 자신 아닌 다른 사람을 책임지는 독특한 인간의 행위로서 각 문화마다 고유한 특징을 가진다. 보편적인 로봇 윤리를 돌봄 로봇에 일방적으로 적용하는 데에는 한계가 있을 수밖에 없다. 또 돌봄의 중요성을 은폐해온 인류의 역사를 비판하며, 돌봄을 중심으로 하는 새로운 사회를 꿈꾸는 트론토(Joan Claire Tronto)와 같은 돌봄 연구자의 입장에서는 돌봄 로봇의 도입이 이러한 은폐의 가장 첨예화한 형태로 이해될 것이다. 여성에게로, 그리고 저소득층과 이민자와 같은 사회적 약자들에게로 떠넘겨져 왔던 돌봄은 이제 로봇에게 위임되고 있다. 돌봄은 점점 주변으로 밀려난 끝에 마침내 인간의 손을 떠나 버렸다.

　결국 이러한 질문들이 가리키는 곳은 한 곳이다. 이미 늦었지만, 지금이라도 물어야 한다. 돌봄 로봇의 도입은 타당한가? 이와 관련된 어떤 윤리적 문제들이 있는가? 그리고 무엇보다 돌봄이란 무엇인가?

참고문헌
집필진 소개
찾아보기

고대 그리스 의료 기술의 발전 / 이상덕

이상덕. 「할리카르나소스(Halikarnassos)의 마우솔레움(the Mausoleum)을 통해 마우솔로스가 전하고 싶었던 메시지」. 『서양고대사연구』 54. 2019.

Adams, C. D. *The Genuine Works of Hippocrates*. New York. 1868.

Adam, Sheila. *The Technique of Greek Sculpture; in the Archaic and Classical Periods*. Oxford: Thames and Hudson. 1966.

Aidonis, Asterios, Papavramidou, Niki, Moraitis, Konstantinos, and Papageorgopoulou, Christina. "Trepanations in the ancient Greek colony of Akanthos: Skull surgery in the light of Hippocratic medicine", *International Journal of Paleopathology* 35. 2021.

Arnott, R., Finger, S., Smith, C. U. M. ed. *Trepanation: History, Discovery, Theory*. Lisse. 2003.

Baker, Patricia A. *Medical Care for the Roman Army on the Rhine, Danube and British Frontiers from the First through Third Centuries AD*. Oxford: Hadrian Books. 2004.

_____. *The Archaeology of Medicine in the Greco-Roman World*. Cambridge: Cambridge University Press. 2013.

Beazley, John D. *Attic Red-Figure Vase-Painters*, 2nd edition. Oxford: Oxford University Press. 1963.

Blackwell, N. G. "Making the Lion Gate Relief at Mycenae: Tool Marks and Foreign Influence". *American Journal of Archaeology* 118. 2014.

Bliquez, Lawrence J. "Greek and Roman Medicine." *Archaeology* 34. 1981a.

_____. "An Unidentified Roman Surgical Instrument in Bingen." *Journal Hist. of Medicine and Allied Sciences* 36. 1981b.

_____. "Roman Surgical Instruments in the Johns Hopkins University Institute of the

History of Medicine." *Bull. Hist. Med.* 56. 1982.

_____. "Two Lists of Greek Surgical Instruments and the State of Surgery in Byzantine Times." *Dumbarton Oaks Papers* 38. 1984.

_____. *Roman Surgical Instruments and Minor Objects in the University of Mississippi.* Göteborg: Paul Aströms Förlag. 1988.

_____. "The Hercules Motif on Greco-Roman Surgical Tools," Krug, Antje ed., *From Epidaurus to Salerno, Symposium held at the European University Centre for Cultural Heritage, Ravello, April, 1990 = pact. Journal of the Centro Universitario Europeo per i Beni Culturali* 34. 1992.

_____. *The Tools of Asclepius; Surgical Instruments in Greek and Roman Times.* Leiden: Brill. 2015.

Bliquez, Lawrence J. and Jackson, Ralph. *Roman Surgical Instruments and Minor Objects in the National Archaeological Museum of Naples, with a Catalogue of the Surgical Instruments in the Antiquarium at Pompeii by Ralph Jackson.* Mainz: Philip von Zabern. 1994.

Boardman, John. *Greek Sculpture: the Classical Period.* London: Thames & Hudson, 1985.

_____. *Persia and the West.* London: Thames & Hudson. 2000.

Brecoulaki, Hariclia. "Greek Interior Decoration: Materials and Technology in the Art of Cosmesis and Display." Irby, Georgia L. ed. *A companion to science, technology, and medicine in ancient Greece and Rome.* West Sussex: John Wiley & Sons Ltd. 2016.

Broca, Paul. "Trepanation chez les Incas." *Bulletin de L'Académie Nationale de Médecine* 32. 1867.

Casson, Stanley. *The Technique of Early Greek Sculpture.* Oxford: Clarendon Press. 1933.

Coghlan, Herbert H. "Metal Implements and Weapons." Charles Singer ed., *A History of Technology* I. Oxford: Clarendon Press. 1954.

Connelly, Joan Breton. *Portrait of a Priestess: Women and Ritual in Ancient Greece.* New Jersey: Princeton University Press. 2007.

Fabbri, P. F., Forniciari, G., Caramella, D., Accomando, G., and Vassallo, S. "Discovery of the First Hippocratic Cranial Trepanation from the Greek Colony of Himera,

Sicily (6th=5th century B.C.)". 2010. http://www.paleopatologia.it/articoli
/stampa.php?recordID=147.

Fernando, Hiran, R. and Finger, Stanley. "Ephraim George Squier's Peruvian skull and the
discovery of cranial trepanation." Arnott, Robert, Finger, Stanley, and Smith, C. U.
M. ed. *Trepanation: History, Discovery, Theory*. Lisse: Swets and Zeitlinger. 2003.

Goodrich, J. T., Flamm, E. S. "Historical Overview of Neurosurgery", Winn, H. R. ed.
Youmans Neurological Surgery 6th ed. Philadelphia. 2011.

González-Darder, J. M. *Trepanation, Trephining and Craniotomy: History and Stories*.
Cham. 2019.

Gross, Charles G. "A hole in the head," *Neuroscientist* 5. 1999.

Grossman, Janet B. *Looking at Greek and Roman Sculpture in Stone; a Guide to Terms,
Styles, and Techniques*. California: J. Paul Getty Museum. 2003.

Hanson, M. *Hippocrates: On Head Wounds*. Berlin. 1999.

Jackson, Ralph. "Cutting for Stone: Roman Lithotomy Instruments in the Museo Nazionale
Romano." *Medicina nei Secoli* 22/1-3. 2010.

Künzl, Ernst, with the collaboration of F. J. Hassel and S. Künzl. *Medizinische
Instrumente aus Sepulkralfunden der römischen Kaiserzeit*. Bonn: In Kommission
bei R. Habelt. 1983.

_____. "Ein archäologisches Problem: Gräber römischer Chirurginnen." van der Eijk,
Ph. J., Horstmanshoff, H. F. J., and Schrijvers, P. H. eds. *Ancient Medicine in its
Socio-Cultural Context*. Rhodopi: Amsterdam-Atlanta. Ga. 1995.

_____. *Medizinische Instrumente der römischen Kaizerzeit im Römisch-Germanischen
Zentralmuseum*. Mainz: Verlag RGZM. 2002.

Lisowski, F. P. "Prehistoric and early historic trepanation," Brothwell, Don and Sandison,
A. T. ed. *Diseases in Antiquity: A Survey of the Diseases, Injuries, and Surgery of
Early Populations*. Springfield: Charles C. Thomas. 1967.

Martin, G. "Was Hippocrates a beginner at trepanning and where did he learn?," *Journal
of Clinical Neuroscience* 7. 2000.

Milne, John Stewart. *Surgical Instruments in Greek and Roman Times*. Oxford: Clarenden
Press. 1907; repr. New York: Augustus M. Kelley. 1970.

Mountrakis, C., Georgaki, S., Manolis, S. K. "A Trephined late Bronze Age Skull from
Peloponnesus, Greece". *Med. Arch. Arch*. 11. 2011.

Nantet, E., Berenguel, M., and Katz, D. "Repositioning the Sea on the Great Altar of Pergamon: A Demonstration of Hellenistic Boat Construction on the Telephos Frieze". *American Journal of Archaeology* 126. 2022.

Palagia, Olga. ed. *Greek Sculpture; Function, Materials, and Techniques in the Archaic and Classical Periods*. New York: Cambridge University Press. 2006.

Palagia, Olga and Bianchi, Robert S. "Who invented the claw chisel?." *Oxford Journal of Archaeology* 13. 1994.

Parnell, Catherine. "Portrayals and Perceptions: Greek Curved Blades in Black- and Red-Figure Iconography." *Journal of Conflict Archaeology* 8. 2013.

Schiller, Francis. *Paul Broca, Founder of French Anthropology, Explorer of the Brain*. Oxford: Oxford University Press. 1992.

Squier, Ephraim G. *Peru: Incidents of Travel and Exploration in the Land of the Incas*, New York: Hurst & Co. 1877.

Ulrich, Roger Bradley. *Roman Woodworking*. New Haven: Yale University Press. 2007.

산업기술에서 일상기술, 그리고 방역을 돕는 기술로 / 정세권

《조선일보》,《동아일보》,《중앙일보》,《한겨레》,《매일경제》,《디지털타임스》, 《국민일보》,《아이뉴스24》,《세계일보》,《경향신문》,《서울신문》

"From Japanese auto parts to ubiquity: A look at the history of QR codes". *Mainichi Daily News*. 9 November 2021.

Alice Rawsthorn, "Deciphering 2 Embedded Signs of Our Times", *New York Times* (2012. 1. 8).

Stepnen A. Brown, "A History of the Bar Code," https://web.archive.org/web/20061010040753/http://eh.net/encyclopedia/article/brown.bar_code.

Gavin Weightman, "The History of the Bar Code," *Smithonian Magazine* (September 23, 2015)

　　https://www.smithsonianmag.com/innovation/history-bar-code-180956704/

https://www.qrcode.com/ko/history

노윤미. 「정보속으로: IT 이슈 - QR 코드의 이해와 활용」. 『지역정보화』 67. 2011.

마크로밀엠브레인.「2011 QR코드 인지도 및 이용현황 조사」.『리서치보고서』. 2011.

산업표준심의회.「정보기술 - 자동인식 및 데이터 획득기술 - 바코드 기호 사양 - QR코드 KS X ISO/IEC 18004」. 2002.

신주연.「QR코드, 시장에서 제대로 활용하려면」.『마케팅』46-3. 2012.

이석준.「ICT 융합 기반 코로나19 방역기술」.『로봇과 인간』18-2. 2021.

이환경.「데이터를 생산하는 포스트휴먼 신체와 디지털 공간성: 코로나19 시기 QR코드 생성 활동에 관한 연구」.『공간과 사회』32-1. 2022.

조환철.「스마트팩토리와 라벨(바코드, QR코드)」.『융합경영리뷰』10. 2020.

정대사, 장염, 박현정.「QR코드 사용 확산에 영향을 미치는 요인: 사용 목적에 따른 차이를 중심으로」.『무역연구』16-6. 2020.

현재환, 홍성욱 엮음.『마스크 파노라마』. 문학과지성사. 2022.

포스트휴먼의 조건으로 바라본 한의학의 가능성 / 김현구

김남일.「한국한의학의 학술유파에 대한 시론」.『한국의사학회지』17-2. 2004.

김태우.『한의원의 인류학: 몸-마음-자연을 연결하는 사유와 치유』. 파주: 돌베개. 2021.

김환석.「인공지능 시대를 보는 이론적 관점들」.『인공지능과 포스트휴먼』. 서울: 경희대학교 출판문화원. 2022.

라투르, 브뤼노.『우리는 결코 근대인이었던 적이 없다』. 홍철기 역. 서울: 갈무리. 2009.

브라이도티, 로지. 2015.『포스트휴먼』. 이경란 역. 서울: 아카넷. 2015.

신상규.『호모사피엔스의 미래: 포스트휴먼과 트랜스휴머니즘』. 서울: 아카넷. 2014.

오재근.「부양학파, 한국 전통 의학 학술 유파의 탄생과 전승: 이규준, 서병오, 이원세 그리고 소문학회」.『의사학』23-1. 2014.

이경란.『로지 브라이도티, 포스트휴먼』. 서울: 커뮤니케이션북스. 2017.

이용숙 외.『인류학 민족지 연구 어떻게 할 것인가』. 서울: 일조각. 2013.

이충열 외.『현대한의학개론』. 파주: 군자출판사. 2023.

차은정.「인류학에서의 탈서구중심주의: 테스콜라의 우주론과 스트래선의 탈전체론을 중심으로」.『서강인문논총』58. 2020.

콘, 에두아르도.『숲은 생각한다』. 차은정 역. 고양: 사월의책. 2019.

페란도, 프란체스카.『철학적 포스트휴머니즘: 포스트휴먼 시대를 이해하는 237개의 질문들』. 이지선 역. 서울: 아카넷. 2021.

해러웨이, 도나. 『해러웨이 선언문』. 황희선 역. 서울: 책세상. 2019.

Bostrom, Nick. "A History of Transhumanist Thought." *Journal of Evolution and Technology* 14-1. 2005.

de Castro, Eduardo Viveiros. "Cosmological Deixis and Amerindian Perspectivism," *Journal of the Royal Anthropological Institute* 4-3. 1998.

Descola, Philippe. *Beyond Nature and Culture*. Chicago: University of Chicago Press. 2013.

Farquhar, Judith. *A Way of Life: Things, Thought, and Action in Chinese Medicine*. New Haven and London; Yale University Press. 2020.

Hanson, Marta. "Robust Northerners and Delicate Southerners: the Nineteenth Century Invention of a Southern Medical Tradition". Elisabeth Hsu, ed. *Innovation in Chinese Medicine*. Cambridge and New York: Cambridge University Press. 2001.

Hanson, Marta. *Speaking of Epidemics in Chinese Medicine: Disease and the Geographic Imagination in Late Imperial China*. London and New York. Routledge. 2011.

Hsu, Elisabeth. *Transmission of Chinese Medicine*. Cambridge and New York: Cambridge University Press. 1999.

Hsu, Elisabeth. *Chinese Medicine in East Africa: An Intimacy with Strangers*. Oxford and New York: Berghahn. 2022.

Kim, Heup Young. "Cyborg, Sage, and Saint: Transhumanism as Seen from an East Asian Theological Setting." Calvin Mercer and Tracy J. Trothern, ed. *Religion and Transhumanism: The Unknown Future of Human Enhancement*. Santa Barbara. CA: Praeger. 2014.

Kurzweil, Ray. *The Singularity Is Near: When Humans Transcend Biology*. New York: Routledge. 2005.

Hayles, Katherine. *How We Became Posthuman: Virtual Bodies in Cybernetics, Literature, and Informatics*. Chicago: University of Chicago Press. 1999.

Hayles, Katherine. "Unfinished Work from Cyborg to Cognisphere." *Theory, Culture & Society* 23-7 and 23-8, 2006.

Ingold, Tim. "Humanity and Animality." Tim Ingold, ed. *Companion Encyclopedia of Anthropology: Humanity, Culture and Social Life*. New York: Routledge. 1994.

Ingold, Tim. *The Perception of the Environment: Essays on Livelihood, Dwelling and*

Skill. London: Routledge. 2000.

Pickering, Andrew. *The Mangle of Practice*. Chicago:University of Chicago Press. 1995.

Latour, Bruno. *Reassembling the Social*. Oxford and New York: Oxford University Press. 2005.

Smart, Alan and Josephine Smart. *Posthumanism: Anthropological Insights*. Toronto: University of Toronto Press. 2017.

Wolfe, Cary. *What Is Posthumanism?* Minneapolis: University of Minnesota Press. 2010.

Zhan, Mei. *Other-Worldly: Making Chinese Medicine through Transnational Frames*. Durham and London: Duke University Press. 2009.

임소연. 「21세기 사이보그 여성, 기술을 말하다」.《한겨레》 2021.4.30.

차은정. 「〈21세기 사상의 최전선〉Q: 생명은 어떻게 사고하는가?」.《문화일보》 2002.2.25.

인공지능을 활용한 의료상담에 대한 인식 / 조민하

김기락 외. 「감정에 기반한 가상인간의 대화 및 표정 실시간 생성 시스템 구현」. 『Journal of the Korea Computer Graphics Society』 28-3. 2022.

김민정. 「의사의 커뮤니케이션 스타일에 영향을 미치는 요인 연구」. 『한국언론학보』 53-3. 2009.

송문선. 「독거노인의 반려 AI 로봇(효돌)과의 동거 중에 경험하는 의인화에 대한 질적연구」. 『사회복지연구』 53-1. 2022.

안서원 외. 「전공의와 환자의 의사-환자 관계에 대한 상호 인식 조사」. 『한국의학교육』 19-3. 2006.

이선영. 「인공지능과 인간의 대화 가능성에 대한 쟁점」. 『국어교육』 167. 2019.

임지혜 외. 「의사의 커뮤니케이션 스타일과 질, 의사-환자관계 유형에 따른 환자만족 요인」. 『병원경영학회지』 14-3. 2009.

정제호, 김영윤. 「코퍼스 분석 기반 치매 환자를 위한 자동형 기억 보조 앱 개발에 대한 시론」. 『Journal of Korean Culture』 62. 2023.

조민하. 「환자중심형 의료커뮤니케이션을 위한 방안(1): 의사의 친절함을 중심으로」. 『우리말글』 96. 2023.

조민하. 「인공지능을 활용한 의료상담의 인식과 과제: 20대 대학생 대상 설문조사를 통하여」.『인문학연구』57. 2023.

Tegu JOE. "The Possibility of Care Robots, Conference proceedings". First Workshop of Medical Humanities, Kyung Hee University and the University of Tokyo. 2023.

Fleuren LM et al. "Machine learning for the prediction of sepsis: A systematic review and meta-analysis of diagnostic test accuracy". *Intensive Care Medicine* 46. 2020.

Shen Y el al. "ChatGPT and other large language models are double-edged swords". *Radiological Society of North America* 307-2. 2023.

Tjorven Stamer et al. "An Artificial Intelligence Supporting the Training of Communication Skills in the Education of Health Care Professions: Scoping Review". *Journal of Medical internet research* 25. 2023.

Tyler Jarvis et al. "Artificial Intelligence in Plastic Surgery: Current Applications, Future Directions, and Ethical Implications". *National Library of Medicine*. 2020.

Zupan, Jure. "Introduction to artificial neural network(ANN) methods: what they are and how to use them". *Acta Chimica Slovenia* 41-3. 1994.

인공지능 언어모델을 활용한 의료와 돌봄 전망 / 최성민

김윤경. 「인공지능 챗봇 서비스의 수용태도에 미치는 영향요인 분석: 서비스 가치 매개효과 중심으로」.『한국콘텐츠학회논문지』22-2. 2022.

김홍중. 「21세기 사회이론의 필수통과지점: 브뤼노 라투르의 행위 이론」.『사회와이론』43. 2022.

노대원. 「소설 쓰는 로봇: 챗GPT와 AI 생성 문학」.『한국문예비평연구』77. 2023.

스튜어트 러셀 외.『인공지능1: 현대적 접근방법』. 류광 역. 제이펍. 2016.

에릭 토폴.『청진기가 사라진다: 디지털 혁명이 바꿔놓을 의학의 미래』. 박재영 외 공역. 청년의사. 2012.

원만희·김종규. 「인공지능 시대와 미래 리터러시의 향방: 인공지능 시대와 리터러시 선언문」.『동서철학연구』102. 2021.

이숙연. 「인공지능 관련 규범 수립의 국내외 현황과 과제」『법조』72-1. 2023.

이진영. 「인공지능 시대의 새로운 글쓰기 생태계: 탈인간중심적 관점을 바탕으로」.『동서철학연구』102. 2021.

이진영. 「자동 글쓰기 기계의 표상과 서사」. 『영상문화』 39. 2021.

장성민. 「챗GPT가 바꾸어 놓은 작문교육의 미래: 인공지능 시대, 작문 교육의 대응을 중심으로」. 『작문연구』 56. 2023.

한국지능정보사회진흥원. 『초대규모 AI 모델(GPT-3)의 부상과 활용방안』. 2021.

한수영. 「디지털 전환 시대의 책읽기: 지식콘텐츠, 챗GPT 그리고 고전」. 『한국고전연구』 60. 2023.

Biswas. Som.S. "Potential Use of Chat GPT in Global Warming". *Annals of Biomedical Engineering*. 2023.

김준엽. 「'챗GPT' 뛰어난 성능 뒤엔 케냐 근로자 노동 착취 있었다」. 《국민일보》. 2023.1.20.

박숙현. 「생성형 인공지능 GPT-4, 한의사 국시에서 합격 근접한 성적 기록」. 《민족의학신문》. 2023.4.3.

박순찬. 「빌 게이츠 "올해 가장 뜨거운 주제는 AI"」. 《조선일보》. 2023.2.6.

신다인. 「성균관대, 챗GPT 부정행위 대응 종합안내 플랫폼 개설」. 《교수신문》. 2023.4.10.

오철우. 「인공지능 개발 경쟁 '잠시 중단' 제안의 의미」. 《한겨레》. 2023.4.3.

최원진. 「GPT-4, 美 의사시험 90점 이상 합격」. 《뉴스핌》. 2023.4.7.

최은지. 「"챗GPT야 답 알려줘" 오픈북 시험 사라진 대학가」. 《연합뉴스》. 2023.4.27.

홍두희. 「인공지능으로 사라질 6가지 직업」. 《매일경제》. 2016.3.14.

Chag, Ted. "ChatGPT Is a Blurry JPEG of the Web". *New Yorker*. 2023.2.9.

Chomsky, Noam. "The False Promise of ChatGPT". *The New York Times*. 2023.3.8.

돌봄 로봇과 돌봄의 가능성 / 조태구

국립재활원. 「2021년도 재활로봇임상실증지원사업」 지원과제 모집 공고. 2021.02.24.

강신국. 「간호 돌봄인력 공백 심화… 日과 27.5배 격차 벌어져」. 《데일리팜》. 2023.06.21.

과학기술정보통신부 보도자료. 〈2020년 사회현안해결 지능정보화 사업공모〉. 2020.03.12. https://www.msit.go.kr/bbs/view.do?sCode=user&mId=113&mPid=238&pageIndex=1&bbsSeqNo=94&nttSeqNo=2720455&searchOpt=ALL&searchTxt=%EC%A7%80%EB%8A%A5%EC%A0%95%EB%B3%B4%ED%99%94

과학기술정보통신부 보도자료. 〈2021년 사회현안해결 지능정보화 사업 신규과제공모

보도자료〉. 2021.02.25. https://www.msit.go.kr/bbs/view.do?sCode=user&mId=
　　113&mPid=238&pageIndex=1&bbsSeqNo=94&nttSeqNo=3179957&searchOpt=AL
　　L&searchTxt=%EC%A7%80%EB%8A%A5%EC%A0%95%EB%B3%B4%ED%99%94

권순철 · 이금주. 「국립재활원 의료재활로봇보급사업의 현황과 성과」. 『로봇과 인간』 17-
　　1. 2020.01.

류호. 「국민86% "노인 돌봄 서비스 주체는 정부"」, 《한국일보》, 2023.06.02.

배영현. 「돌봄보조 로봇의 개발과 서비스에 대한 윤리적 고찰: 이승, 자세변환, 식사, 배설
　　돌봄보조 로봇을 중심으로」. 『로봇학회 논문지』 17-2. 2022.06.

산업통상자원부. 〈로봇산업 발전방안〉. 2019.03.22. Available from: https://
　　www.korea.kr/briefing/pressReleaseView.do?newsId=156322788.

산업통상자원부-보건복지부. 〈산업부-복지부, 돌봄로봇 활성화를 위한 첫발 내디뎌〉.
　　2019.06.17. Available from: https://www.motie.go.kr/motie/ne/presse/press2/
　　bbs/bbsView.do?bbs_cd_n=81&bbs_seq_n=161795&from_brf=brf&brf_code
　　_v=23

송명섭. 「한국과 일본 돌봄로봇 사업현황 분석 및 정책적 시사점」. 『인문사회21』. 13-1.
　　2022.02.

원동욱. 「노인 빈곤 · 자살률 OECD 1위, "늙으면 빨리 죽어야지"…농담이 현실이 된
　　사회」. 《중앙선데이》. 2022.11.19.

이지은. 「말동무에 배설보조도…정부, 고령사회 대비 '돌봄로봇' 주목」. 《이데일리》.
　　2023.02.13.

이은영. 「인간과 인공지능은 감정이입을 통해 상호작용이 가능한가? - 돌봄과 치료의
　　영역을 중심으로」. 『현대유럽철학연구』 64. 2022.02.

장하리. 「대전시, 전국 최초 인공지능AI 기반 민원처리서비스 제공」. 《뉴스로》. 2022.05.12.

정일영 · 김가은. 「프론티어 기술(FT) 적용 산업혁신정책 조사-한 · 일 돌봄로봇 비교연
　　구」. 『정책자료』. 2019.01.

최영림 · 정상현 · 김종욱. 「윤리적 의사결정 시스템 기반 노인 건강 돌봄 로봇 개발」.
　　『한국지능시스템학회 논문지』 33-3. 2023.06.

통계청. 〈장래인구추계: 2020-2070〉. 2021.12.09. https://kostat.go.kr/board.es?mid=a10
　　301020600&bid=207&tag=&act=view&list_no=415453&ref_bid.

통계청(2022a). 〈2021년 장래인구추계를 반영한 세계와 한국의 인구현황 및 전망〉.
　　2022.09.05. https://kostat.go.kr/board.es?mid=a10301020600&bid=207&act=vie
　　w&list_no=420361.

통계청(2022b). 〈2022 고령자 통계〉. 2022.09.29. https://kostat.go.kr/board.es?mid=a10
　　301010000&bid=10820&tag=&act=view&list_no=420896&ref_bid

통계청. 〈2022 한국의 사회지표〉. 2023.03.23. https://kostat.go.kr/board.es?mid=a10301
　　060500&bid=10820&act=view&list_no=424445&tag=&nPage=1&ref_bid.

통계청 통계개발원. 〈국민 삶의 질 2022 보고서〉. 2022. https://kostat.go.kr/board.es?mi
　　d=a90106000000&bid=12316&act=view&list_no=423794.

한국과학기술기획평가원. 〈소셜 로봇의 미래(2019년 기술영향평가 결과〉. 2020.04.07.
　　https://www.kistep.re.kr/board.es?mid=a10305080000&bid=0002&act=view&list_
　　no=34314&tag=&nPage=8

한국로봇산업진흥원. 「KIRIA ISSUE REPORT 고령화 시대 돌봄로봇 동향과 수요환경」.
　　2019.11.15.

한국로봇산업진흥원 보도자료. 「한국로봇산업진흥원, 국비 55억 투입해 다양한 로봇
　　보급 나서」. 2019.05.07.

한국로봇산업진흥원 보도자료(2020a). 「한국로봇산업진흥원, 시장창출형 로봇실증사업
　　민간 부담금 완화」. 2020.05.07.

한국로봇산업진흥원 보도자료(2020b). 「한국로봇산업진흥원, 서비스 로봇 실증사업
　　협약 체결 완료」. 2020.06.02.

한국로봇산업진흥원 보도자료. 「한국로봇산업진흥원, 21년도 서비스 로봇 분야 사업
　　과제 최종선정」. 2021.06.08.

한국로봇산업진흥원 보도자료. 「한국로봇산업진흥원, 서비스 로봇 분야 27개 과제
　　선정해 현장에 실증 도입한다」. 2022.06.15.

한국로봇산업진흥원 보도자료(2023a). 「한국로봇산업진흥원, 서비스 로봇 분야 38개
　　과제 선정해 현장에 실증 도입한다」. 2023.05.03.

한국로봇산업진흥원 보도자료(2023b). 「한국로봇산업진흥원, 23년 사회적 약자 편익
　　지원 사업 2차 공모과제 최종선정」. 2023.07.19.

한국정보화진흥원, 〈2020년 사회현안해결 지능정보화 사업 공모 안내서〉. 2020.03.12.
　　https://www.nia.or.kr/site/nia_kor/ex/bbs/View.do?cbIdx=78336&bcIdx=21865
　　&parentSeq=21865

한국정보화진흥원, 〈2021년 사회현안해결 지능정보화 사업[자유공모과제] 공모 안내서〉.
　　2021.02.26. https://www.nia.or.kr/site/nia_kor/ex/bbs/View.do?cbIdx=78336&b
　　cIdx=23046&parentSeq=23046

4차산업혁명위원회. 〈4차 산업혁명 대응계획 I-KOREA 4.0. 2017〉. 2017.11.30. https://

policy.nl.go.kr/search/searchDetail.do?rec_key=SH2_PLC20180221994&kwd.

ISO 8373:2021 Robotics - Vocabulary. 2021.11.

U.N. "World Population Prospects 2022: Summary of Results". 2022. https://www.un.org/development/desa/pd/sites/www.un.org.development.desa.pd/files/wpp2022_summary_of_results.pdf.

Lim, M.-J., Song, W.-K., Kweon, H., Ro, E.-R. "Care robot research and development plan for disability and aged care in Korea: A mixed-methods user participation study". Assistive Technology 35-4, 2023.

보건복지부 국립재활원 사이트. 돌봄로봇중개연구. https://www.nrc.go.kr/research/html/content.do?depth=rp&menu_cd=03_06_00_01

보건복지부 국립재활원 사이트. 재활로봇실증지원사업. https://www.nrc.go.kr/research/html/content.do?depth=rp&menu_cd=03_05_00_01.

집필진
소개

김현구　세명대학교 한의과대학 원전의사학교실 조교수. 세명대 한의학과를 졸업하고, 경희대학교에서 한의학 박사학위, 영국 옥스퍼드대학교에서 인류학 박사학위를 취득했다. 주요 저서와 논문으로는 『호모 팬데미쿠스』 (공저), 「『東西醫學要義』 간행으로 본 1920년대 한의학 정체성 변화에 관한 고찰」(제1저자), 「포스트휴먼의 조건과 한의학의 가능성」 등이 있다.

이상덕　경희대학교 인문학연구원 HK+통합의료인문학연구단 HK교수. 고려대학교 서양사학과 졸업, 영국 옥스퍼드 대학교에서 석사학위를, 영국 킹스칼리지 런던에서 박사학위를 받았다. 주요 저서와 논문으로는 『어떤 죽음』(공저), 『죽음의 인문학』(공저), 『새로운 의료, 새로운 환자』(공저), 『고대 그리스』(역서), 『의학사의 새물결-한눈에 보는 서양 의료 연구사』 (공역), 「Amphiaraos, the Healer and Protector of Attika」, 「고대 그리스 비극에 나타난 미아스마(miasma) 개념과 히포크라테스」 등이 있다.

정세권　경희대학교 인문학연구원 HK+통합의료인문학연구단 HK연구교수. 서울대학교 농생물학과를 나와 같은 대학교 과학사 및 과학철학 협동과정에서 이학박사 학위를 받았다. 주요 저서와 논문으로는 『새로운 의료, 새로운 환자』(공저), 『환자란 무엇인가』(공저), 「콘택트렌즈에서 '드림렌즈'까지-시력교정기술의 문화사」, 「산업기술에서 일상기술, 그리고 방역을 돕는 기술로 -한국의 QR 코드 도입과 확산」, 「Medical Support Provided by the UN's Scandinavian Allies during the Korean War」(공저) 등이 있다.

조민하 경희대학교 인문학연구원 HK+통합의료인문학연구단 HK연구교수. 고려대학교 국어국문학과를 나와 동 대학원에서 석사학위와 박사학위를 받았다. 주요 저서와 논문으로는 『호모 팬데미쿠스』(공저), 「환자중심형 의료커뮤니케이션을 위한 방안(1): 의사의 친절함을 중심으로」, 「환자중심형 의료커뮤니케이션을 위한 방안(2): 의사의 존중 표현을 중심으로」, 「인공지능을 활용한 의료상담의 인식과 과제: 20대 대학생 대상 설문 조사를 통하여」 등이 있다.

조태구 경희대학교 인문학연구원 HK+통합의료인문학연구단 HK연구교수. 경희대학교를 나와 프랑스 파리-낭테르대학에서 철학 박사 학위를 받았다. 주요 저서와 논문으로는 『의철학 연구-동서양의 질병관과 그 경계』(공저), 「반이데올로기적 이데올로기-의철학의 가능성 논쟁: 부어스와 엥겔하르트를 중심으로」, 「삶과 자기-촉발-미셸 앙리의 역동적 현상학」 등이 있다.

최성민 경희대학교 인문학연구원 HK+통합의료인문학연구단 HK교수. 서강대학교 국어국문학과에서 학사, 석사, 박사학위를 받았다. 2004년 세계일보 신춘문예 문학평론부분에 당선되어 문학평론가로 활동했으며, 연세대학교 박사후 연구원, 서강대학교 대우교수를 역임했다. 현재 대중서사학회와 한국리터러시학회의 편집위원장을 맡고 있다. 주요 저서로 『다매체 시대의 문학이론과 비평』, 『근대서사텍스트와 미디어 테크놀로지』, 『죽음의 시공간』(공저) 등이 있고, 「판타지의 리얼리티 전략과 서사적 감염」, 「한국 의학드라마 연구 현황과 전망」 등의 논문이 있다.

iMH 통합의료인문학연구단

경희대학교 인문학연구원 HK+통합의료인문학연구단은 4차 산업혁명 시대 인간 중심 가치를 정립할 수 있는 통합의료인문학의 구축과 사회적 확산을 목표로 연구와 실천을 진행하고 있다. 의료인문학 지식의 대중화에 힘쓰고 지역사회의 인문학 발전에 기여하고자 지역인문학센터 〈인의예지〉를 설립하여 운영하고 있다.

지역인문학센터 인의예지

〈인의예지〉 지역인문학센터는 경희대학교 인문학연구원에서 주관하는 HK+통합의료인문학연구단 사업의 일환으로, 의료인문학 지식의 대중화에 힘쓰고 지역사회의 인문학 발전에 기여하고자 하는 목표 하에 설립되었다.

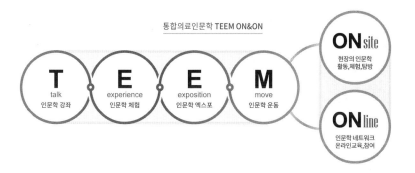

통합의료인문학 TEEM ON&ON

T talk 인문학 강좌 · E experience 인문학 체험 · E exposition 인문학 엑스포 · M move 인문학 운동

ON site 현장의 인문학 활동,체험,탐방

ON line 인문학 네트워크 온라인교육,참여

통합의료인문학 학술총서

HK+통합의료인문학연구단이 기획하고 도서출판 모시는사람들에서 펴
내는 학술총서입니다. 인문학을 중심으로 의료를 고민하고, 인간의 생로
병사에 대한 시야를 확장하는 통합의료인문학 학술연구서를 펴냅니다.

경희대학교 인문학연구원 HK+통합의료인문학연구단 통합의료인문학 학술총서 01

의료문학의 현황과 과제
경희대 인문학연구원 HK+통합의료인문학연구단 | 352쪽 | 18,000원

인문학을 중심에 두고 인간의 삶의 의료적인 측면을 탐색하는 '통합의료인문
학'의 틀에서 한국문학에 나타난 의료적 상황과 이에 대한 인식, 그것이 보여
주는 우리 역사와 문화, 그리고 한국인의 삶의 양상을 탐구한다.

경희대학교 인문학연구원 HK+통합의료인문학연구단 통합의료인문학 학술총서 02

의료사 연구의 현황과 과제
경희대 인문학연구원 HK+통합의료인문학연구단 | 512쪽 | 25,000원

오늘날 인간의 삶에서 점점 비중이 커져 가는 '의료'에 관한 인문학적 성찰 작
업의 일환으로, 고대에서부터 현대에 이르기까지, 그리고 한국은 물론 동아시
아와 서양까지를 망라하여 '의료' 부문이 어떠한 맥락 속에서 인간 사회 형성
의 중요한 축으로 자리매김해 왔는지를 고찰하는 연구서이다.

경희대학교 인문학연구원 HK+통합의료인문학연구단 통합의료인문학 학술총서 03

의철학 연구
경희대 인문학연구원 HK+통합의료인문학연구단 | 304쪽 | 17,000원

인류의 역사와 함께 시작되었으며, 인간의 일생에 한순간도 없는 순간이 없는
질병이란 도대체 무엇인지, 질병과 더불어 함께해 온 의학과의 대비 속에서
근본적인 질문을 하고, 질병에 대한 인간의 이해를 기본 토대에서부터 다시
세우는 시도를 하는 책이다.

경희대학교 인문학연구원 HK+통합의료인문학연구단 통합의료인문학 학술총서 04

출산의 인문학

경희대 인문학연구원 HK+통합의료인문학연구단 | 304쪽 | 17,000원

피임법, 태교법, 산전검사, 몽고증, 유산과 낙태, 재생산, 분만법, 대리출산, 육
아법 등의 주제를 동양과 서양, 전통과 현대를 망라하고, 다양한 전공자들이
각기 자기 특성을 살려 다면적인 접근을 시도한 글들이다.

경희대학교 인문학연구원 HK+통합의료인문학연구단 통합의료인문학 학술총서 05

의철학과 의료윤리 연구의 현황과 과제

경희대 인문학연구원 HK+통합의료인문학연구단 | 280쪽 | 16,000원

질병과 의료 문제에 대한 관점과 태도를 명확하게 하고자 의료문학, 의료사,
의철학·의료윤리 등의 세부 영역별로 연구 현황을 살펴보고 미래를 전망하
는 연구 성과를 모았다.

경희대학교 인문학연구원 HK+통합의료인문학연구단 통합의료인문학 학술총서 06

감염병을 바라보는 의료인문학의 시선 *2022 세종도서 학술부문

경희대 인문학연구원 HK+통합의료인문학연구단 | 280쪽 | 16,000원

코로나19 팬데믹 상황에 대한 의료적 대응과 더불어, 인문학적 차원에서의
대응을 모색하는 차원에서 인류 역사상 다양하게 전개된 감염병의 양상들과
그에 대처해 온 고금, 동서의 사례들을 검토하고 있다.

경희대학교 인문학연구원 HK+통합의료인문학연구단 통합의료인문학 학술총서 07

죽음의 인문학

경희대 인문학연구원 HK+통합의료인문학연구단 | 224쪽 | 15,000원

죽음의 의미와 죽음을 바라보는 시각이 다양할수록 삶의 의미와 삶에 대한 태도가 다양해지고 깊어진다는 점에 착안한 다양한 '죽음 이해'의 글들을 수록하였다. 각각의 인문학적 성찰들은 '의료'라고 하는 본 연구총서의 전체 기획과도 공통적으로 맞닿아 있어서, '죽음에 관한 의료인문학'이라고 할 수 있다.

경희대학교 인문학연구원 HK+통합의료인문학연구단 통합의료인문학 학술총서 08

새로운 의료, 새로운 환자

경희대 인문학연구원 HK+통합의료인문학연구단 | 256쪽 | 15,000원

4차 산업혁명이 급속히 진행되면서 첨단 의료 기술을 앞세운 변화가 가속화되고, 이에 따라 환자의 범주와 개념이 달라졌다. 그 여파는 환자 가족은 물론이고 사회 전반에 다면적이고 다층적인 영향을 끼치는 바, 새로운 의료 환경과 그에 따른 새로운 환자의 탄생 문제를 다루는 책이다.

경희대학교 인문학연구원 HK+통합의료인문학연구단 통합의료인문학 학술총서 09

죽음의 시공간 * 2023 세종도서 학술부문

경희대 인문학연구원 HK+통합의료인문학연구단 | 224쪽 | 15,000원

인간 삶의 생로병사 여정에 마침표를 찍는 죽음이 현대 사회 속에서 구체적으로 어떻게 전개되고 있는지, 막연히 관념적으로만 생각하고 있는 '죽음 과정과 죽음을 대하는 태도' 등에 관한 상식적인 이해가 오늘날 어떻게 달라져 있는지, 그리고 앞으로는 어떻게 변화해 갈 것인지를 고찰한다.

경희대학교 인문학연구원 HK+통합의료인문학연구단 통합의료인문학 학술총서 10

역사 속의 산파와 조산사

경희대 인문학연구원 HK+통합의료인문학연구단 | 224쪽 | 15,000원

출산과 관련한 여러 요소들 가운데 그 조력자인 산파와 조산사의 역사와 의미, 그리고 오늘날 소멸의 단계로 접어들기까지의 변천 과정을 짚어본다. 중국, 대만, 일본, 미국의 사례에서 조명해 본다.

경희대학교 인문학연구원 HK+통합의료인문학연구단 통합의료인문학 학술총서 11

첨단기술시대의 의료와 인간

경희대 인문학연구원 HK+통합의료인문학연구단 | 240쪽 | 15,000원

이 책은 고통이 의료 분야에서 중요한 화두임을 강조하며, 고통과 돌봄의 문제를 '기술'과 '마음'이라는 두 가지 키워드를 중심으로 탐구한다. 인간의 생애주기를 관통하는 고통에 대한 공동연구의 결과로, 첨단기술 시대에 의료와 인간의 관계를 재조명한다.

경희대학교 인문학연구원 HK+통합의료인문학연구단 통합의료인문학 학술총서 12

마음과 고통의 돌봄을 위한 인문학

경희대 인문학연구원 HK+통합의료인문학연구단 | 240쪽 | 15,000원

이 책은 고통의 문제를 인문학적 관점에서 조명한다. 인간의 생애주기에서 빠질 수 없는 고통을 다루며, 의료 현장에서의 고통 관리 및 호스피스 치료와 같은 측면을 다룬다. 이 책은 의료인문학의 중요한 논제로 고통을 바라보고, 의학의 발달과 이에 대한 비판적 반성을 통해 고통과 마음의 상호작용을 탐구한다.

경희대학교 인문학연구원 / HK+통합의료인문학연구단 / 통합의료인문학 학술총서11

첨단기술시대의 의료와 인간

등록 1994.7.1 제1-1071
1쇄 발행 2024년 2월 20일

기 획   경희대학교 인문학연구원 HK+통합의료인문학연구단
지은이   김현구 이상덕 정세권 조민하 조태구 최성민
펴낸이   박길수
편집장   소경희
편 집   조영준
관 리   위현정
디자인   조영준
펴낸곳   도서출판 모시는사람들
         03147 서울시 종로구 삼일대로 457(경운동 수운회관) 1207호
전 화   02-735-7173 / 팩스 02-730-7173

인 쇄   피오디북(031-955-8100)
배 본   문화유통북스(031-937-6100)
홈페이지 http://www.mosinsaram.com/

값은 뒤표지에 있습니다.
ISBN   979-11-6629-184-5   94000
세 트   979-11-6629-001-5   94000

이 저서는 2019년 대한민국 교육부와 한국연구재단의 지원을 받아 수행된 연구임
(NRF-2019S1A6A3A04058286).